KB198317

초등학생이 '꼭' 알아야 할
학습도구어

저자 신주리

초등학교 학생들과 배움을 나누며 함께 성장해 나가고 있는 18년차 교사입니다. 경인교육대학교 대학원에서
초등국어교육 석사학위를 받았으며 국어과 교육에 관심을 가지고 아이들을 만나 왔습니다. 우리 아이들의 학
습을 어떤 방법으로 도와주면 좋을지 지금의 학교 교육과 교과 학습 방법에 대해 끊임없이 고민하고 있습니다.

초등학생이 '꼭' 알아야 할

학습도구어

저자 신주리

초판 1쇄 인쇄 2024년 10월 23일
초판 1쇄 발행 2024년 10월 31일

발행인 박효상 **편집장** 김현 **기획 · 편집** 장경희, 이한경
교정 · 교열 진행 박나리 **디자인** 임정현 **마케팅** 이태호, 이전희 **관리** 김태옥
표지 · 내지 Moon-C design **삽화** 잔나비

종이 월드페이퍼 **인쇄 · 제본** 예림인쇄 · 바인딩
출판등록 제10-1835호 **발행처** 사람in
주소 04034 서울시 마포구 양화로 11길 14-10 (서교동) 3F
전화 02) 338-3555(代) 팩스 02) 338-3545
E-mail saramin@netsgo.com
Website www.saramin.com

책값은 뒤표지에 있습니다. 파본은 바꾸어 드립니다.

ⓒ 신주리 2024

ISBN 979-11-7101-106-3 64700
      979-11-7101-104-9 (세트)

우아한 지적만보, 기민한 실사구시 **사람in**

어린이제품안전특별법에 의한 제품표시	
제조자명 사람in	**전화번호** 02-338-3555
제조국명 대한민국	**주 소** 서울시 마포구 양화로
사용연령 5세 이상 어린이 제품	11길 14-10 3층

개념에서 활용까지
초등 공부 경쟁력을 높이는
결정적 낱말들

초등학생이
'꼭' 알아야 할
학습도구어

신주리 지음

사람In
saram
in.com

어휘를 알면 공부가 보인다.

'학생의 어휘력과 문해력은 교과 공부에 큰 영향을 끼친다.' 이미 많은 사람이 알고 있는 사실입니다. 어휘력과 문해력이 좋은 친구들은 대부분 전 교과에서 높은 학업성 취도를 보이지요. 그만큼 어휘력과 문해력은 우리가 학습하는 데 기본이 되는 능력이 라고 말할 수 있습니다.

실제로 학교 현장에서 학생들을 면밀히 관찰하면 읽은 내용을 제대로 이해하지 못하는 경우가 많습니다. 어렸을 때부터 듣고 자라 자연스럽게 배우고 익힌 '국어'임에도 학생 개개인의 어휘력과 문해력의 차이로 인해 교과 내용을 완벽하게 숙지하지 못하는 것이지요. 주어진 문제를 해결해야 하는데 문제에서 요구하는 것이 무엇인지 명확하게 이해하지 못하는 친구들도 있고, 어떤 어휘를 이해하였더라도 다른 교과에서 설명하고 있는 개념과 연결 짓지 못하는 경우도 종종 있습니다.

이 책은 초등 4~6학년 교과 내용을 기반으로 하여 실제 학교 현장에서 학생들이 어려워하는 어휘를 반영해 교과 공부에 도움을 주고자 만든 책입니다.

이 책에 실려 있는 '낱말'과 '낱말 넓히기' 학습을 통해 어휘력을 키워 보세요. 각각의 낱말들은 의미 관계를 활용해 학습하는 것이 좋습니다. 유의어, 반의어 등의 의미 관계를 통해 어휘를 확장해 나가면 보다 풍부한 의사소통 능력을 기를 수 있습니다. 관용 표현과 사자성어, 속담 등은 우리말을 더욱 살아 있는 언어로 느끼게 해 주는 요소가 되기도 합니다.

해당 어휘가 어떤 상황에서 사용되었는지, 교과 학습 내용 속에서 맥락과 의미를 파악해 보는 것도 유의미한 학습입니다. 교과 내용과 연결 지어 문해력을 기른다면 수업 시간에 주어진 글을 이해하는 능력도 향상될 것입니다.

하루, 이틀, … 차곡차곡 쌓인 8주간의 학습은 무너지지 않는 공든 탑처럼 여러분의 어휘력과 문해력을 단단하게 만들어 줄 것입니다. 향상된 어휘력과 문해력은 전 교과 시간에 문제 해결 능력을 높여 주고 나아가 전 교과 학업 성취도에도 긍정적인 영향을 미칠 것입니다.

이 책이 여러분의 교과 학습에 도움이 되길 진심으로 바랍니다.

신주리

『초등학생이 '꼭' 알아야 할 학습도구어』를 통해 초등 교과에 나오는 다양한 낱말의
정확한 뜻을 익히고, 문장을 통해 그 낱말을 이해하고 학습하는 힘을 키워 보세요.

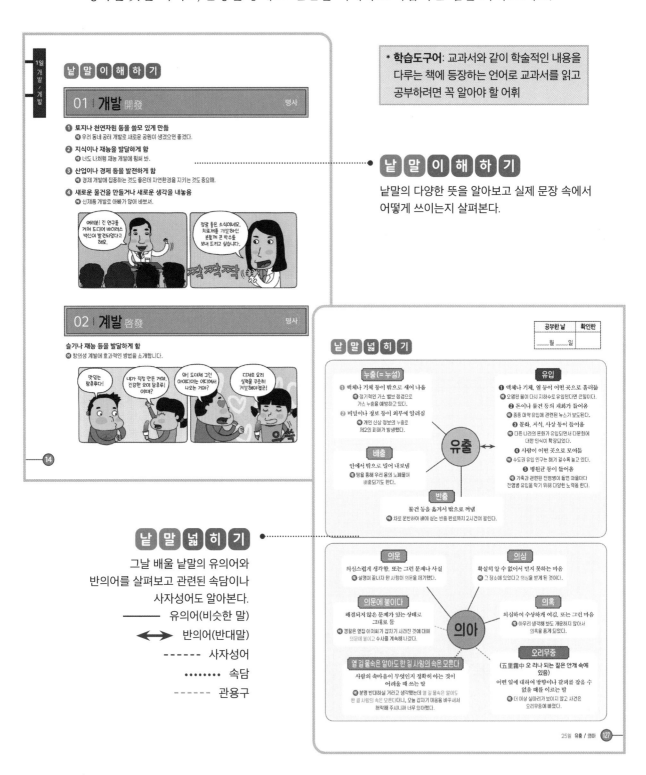

* **학습도구어**: 교과서와 같이 학술적인 내용을 다루는 책에 등장하는 언어로 교과서를 읽고 공부하려면 꼭 알아야 할 어휘

낱 말 이 해 하 기

낱말의 다양한 뜻을 알아보고 실제 문장 속에서 어떻게 쓰이는지 살펴본다.

낱 말 넓 히 기

그날 배울 낱말의 유의어와 반의어를 살펴보고 관련된 속담이나 사자성어도 알아본다.

—— 유의어(비슷한 말)
←→ 반의어(반대말)
------ 사자성어
······· 속담
------ 관용구

낱말과교과
앞서 배운 낱말이 각 교과에서 어떻게
나오는지 짧은 단락을 통해 살펴본다.

낱말익히기
배운 낱말을 잘 이해했는지
다양한 문제를 통해 점검한다.

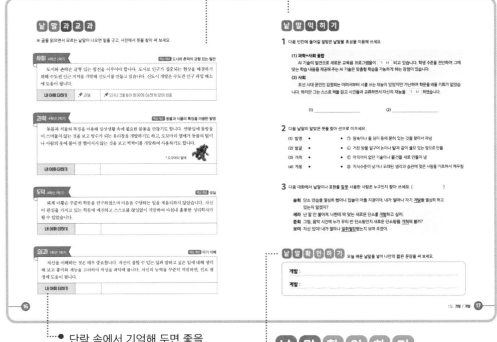

단락 속에서 기억해 두면 좋을
다른 단어의 뜻도 직접 찾아 써 본다.

낱말확인하기
문장을 직접 만들어 봄으로써 배운 낱말을
자기 것으로 소화했는지 확인한다.

복습 문제 1주마다 배운 낱말 10개씩을 재미있는 퀴즈로 복습한다.

정답 낱말 익히기와 복습 문제의 정답을 제공한다.

이 책의 목차

5주차

6주차

1주차

다음 중 아는 낱말에 V 표시해 보세요.

- ☐ 개발
- ☐ 계발
- ☐ 경향
- ☐ 계승
- ☐ 공정
- ☐ 공평
- ☐ 고려
- ☐ 공헌
- ☐ 관련
- ☐ 관점

낱말 이해하기

01 | 개발 開發 명사

① 토지나 천연자원 등을 쓸모 있게 만듦

　예 우리 동네 공터 개발로 새로운 공원이 생겼으면 좋겠다.

② 지식이나 재능을 발달하게 함

　예 너도 나처럼 재능 개발에 힘써 봐.

③ 산업이나 경제 등을 발전하게 함

　예 경제 개발에 집중하는 것도 좋은데 자연환경을 지키는 것도 중요해.

④ 새로운 물건을 만들거나 새로운 생각을 내놓음

　예 신제품 개발로 아빠가 많이 바쁘셔.

02 | 계발 啓發 명사

슬기나 재능 등을 발달하게 함

예 창의성 계발에 효과적인 방법을 소개합니다.

낱말 넓히기

개발

발명
아직까지 없던 기술이나 물건을 새로 만들어 냄
예 장영실이 측우기를 발명했다는 것을 모르는 사람은 없을 것이다.

제작
어떤 재료를 이용해 새로운 물건이나 예술 작품을 만듦
예 그 영화는 제작 기간이 5년이나 걸렸다고 한다.

계발
슬기나 재능, 사상 따위를 일깨워 줌
예 평소에 자기 계발을 계속한 사람은 좋은 기회가 왔을 때 그 기회를 잡을 수 있다.

상전벽해
(桑田碧海 뽕나무밭이 푸른 바다가 됨)
세상이 몰라볼 정도로 바뀐 것을 말함
예 20년 만에 찾아온 고향이 이렇게 변화하다니! 상전벽해로구나!

발굴
❶ 땅속이나 돌 더미 등에 묻혀 있는 것을 찾아서 파냄
예 오래된 고분에서 새로운 유물이 발굴되었다.
❷ 세상에 널리 알려지지 않았거나 뛰어난 것을 찾아 밝혀냄
예 숨어 있는 달인을 발굴해서 소개하는 프로그램이다.

제조
❶ 공장에서 큰 규모로 물건을 만듦
예 우리나라는 선박 제조 부분에서 세계적인 실력을 가지고 있다.
❷ 원래 재료에 사람의 힘을 더해 정교한 제품을 만듦
예 생과일을 넣어 제조한 음료수이다.

개척
❶ 거친 땅을 일구어 논이나 밭과 같이 쓸모 있는 땅으로 만듦
예 그가 개척한 땅이 푸릇푸릇하게 바뀌었다.
❷ 새로운 분야를 처음으로 열어 나감
예 그는 새로운 항공 노선 개척을 위해 노력했다.

계발

계몽
지식수준이 낮거나 오래된 생각과 습관에 젖은 사람을 가르쳐서 깨우침
예 새로운 학문을 받아들이고 스스로 발전하기 위해서는 계몽이 필요하다.

일취월장
(日就月將 나날이 다달이 자라거나 발전함)
실력이 발전하거나 훌륭하게 성장했을 때 사용하는 말
예 하루에 15분씩 리코더 연습을 꾸준히 했더니 리코더 연주 솜씨가 일취월장했어!

무쇠도 갈면 바늘 된다
어려운 일도 꾸준히 노력하면 이룰 수 있다.
예 무쇠도 갈면 바늘 된다고 했어. 꾸준히 연습해서 자신의 재능을 계발하면 훌륭한 연주자가 될 수 있어.

낱말과교과

※ 글을 읽으면서 모르는 낱말이 나오면 밑줄 긋고, 사전에서 뜻을 찾아 써 보세요.

사회 4학년 2학기
핵심 개념 도시와 촌락의 균형 있는 발전

도시와 촌락은 균형 있는 발전을 이루어야 합니다. 도시로 인구가 집중되는 현상을 해결하기 위해 수도권 인근 지역을 개발해 신도시를 만들고 있습니다. 신도시 개발은 수도권 인구 과밀 해소에 도움이 됩니다.

내 어휘 더하기	✏️ 과밀	✏️ 인구나 건물 등이 한곳에 심하게 모여 있음

과학 4학년 2학기
핵심 개념 동물과 식물의 특징을 이용한 발명

동물과 식물의 특징을 이용해 일상생활 속에 필요한 물품을 만들기도 합니다. 연꽃잎에 물방울이 스며들지 않는 것을 보고 방수가 되는 유리창을 개발하기도 하고, 도꼬마리 열매가 동물의 털이나 사람의 옷에 붙어 잘 떨어지지 않는 것을 보고 찍찍이를 개발하여 사용하기도 합니다.

* 도꼬마리 열매

내 어휘 더하기		

도덕 4학년 1학기
핵심 개념 성실

퇴계 이황은 꾸준히 학문을 연구하였으며 마음을 수양하는 일을 게을리하지 않았습니다. 자신이 관심을 가지고 있는 학문에 매진하고 스스로를 끊임없이 계발하여 마침내 훌륭한 성리학자가될 수 있었습니다.

내 어휘 더하기		

실과 5학년 1학기
핵심 개념 자기 이해

자신을 이해하는 것은 매우 중요합니다. 자신이 잘할 수 있는 일과 잘하고 싶은 일에 대해 생각해 보고 흥미와 재능을 고려하여 적성을 파악해 봅니다. 자신의 능력을 꾸준히 계발하면, 진로 결정에 도움이 됩니다.

내 어휘 더하기		

낱말 익히기

1 다음 빈칸에 들어갈 알맞은 낱말을 초성을 이용해 쓰세요.

(1) 과학+사회 융합

AI 기술의 발전으로 새로운 교육용 프로그램들이 ㄱㅂ 되고 있습니다. 학생 수준을 진단하여 그에 맞는 학습 내용을 제공해 주는 AI 기술은 맞춤형 학습을 가능하게 하는 장점이 있습니다.

(2) 사회

조선 시대 문인인 김정희는 어려서부터 시를 쓰는 재능이 있었지만 가난하여 학문을 배울 기회가 없었습니다. 하지만 그는 스스로 책을 읽고 시인들과 교류하면서 자신의 재능을 ㄱㅂ 하였습니다.

(1) _____   (2) _____

2 다음 낱말의 알맞은 뜻을 찾아 선으로 이으세요.

(1) 발명 •　　　　　　• ㉠ 땅속이나 돌 덩이 등에 묻혀 있는 것을 찾아서 파냄

(2) 발굴 •　　　　　　• ㉡ 거친 땅을 일구어 논이나 밭과 같이 쓸모 있는 땅으로 만듦

(3) 개척 •　　　　　　• ㉢ 아직까지 없던 기술이나 물건을 새로 만들어 냄

(4) 계몽 •　　　　　　• ㉣ 지식수준이 낮거나 오래된 생각과 습관에 젖은 사람을 가르쳐서 깨우침

3 다음 대화에서 낱말이나 표현을 **잘못** 사용한 사람은 누구인지 찾아 쓰세요. (　　　　　　　　　)

승희 단소 연습을 열심히 했더니 입술이 아플 지경이야. 내가 얼마나 자기 <u>계발</u>을 열심히 하고 있는지 알겠지?

세라 난 잘 안 불어져. 나한테 딱 맞는 새로운 단소를 <u>개발</u>하고 싶어.

준희 그럼, 음악 시간에 누가 우리 반 단소왕인지 새로운 단소왕을 <u>개척</u>해 볼까?

보미 자신 있어! 내가 얼마나 <u>일취월장</u>했는지 보여 주겠어.

낱말 확인하기
오늘 배운 낱말을 넣어 나만의 짧은 문장을 써 보세요.

개발 :

계발 :

낱말이해하기

1일차 복습 [개발/계발] 낱말을 설명해 보세요.

03 | 경향 傾向   명사

현상이나 생각, 행동이 어떤 방향으로 기울어짐

예 너는 너의 능력을 낮게 생각하는 경향이 있어. 너 자신을 믿어 봐!

04 | 계승 繼承   명사

① 조상의 전통이나 문화유산, 업적 등을 물려받아 이어 나감

예 가야금을 배우면서 우리나라 전통 음악의 계승을 다짐했습니다.

② 먼저 그 일을 했던 사람의 뒤를 이어받음

예 교장 선생님이 바뀌셨지만, 우리 학교에서 늘 해 오던 생태교육은 변함없이 계승 중입니다.

낱말넓히기

경향

동향
❶ 사람들의 생각이나 활동, 일이 움직여 가는 방향

예 대통령 선거를 앞두고 여론 조사가 실시되면 여론의 동향을 살펴볼 수 있다.

❷ 어떤 특정한 사람이나 사물의 움직임

예 그 사람의 동향을 보고해야 한다.

성향
성질에 따른 경향

예 막냇동생은 우리 가족 사이에서 관심을 독차지하려는 성향이 있다.

부화뇌동
(附和雷同 우레 소리에 맞춰 함께함)
줏대 없이 남의 의견에 따라 움직인다는 뜻

예 우리가 아이돌 콘서트에 간다고 너까지 부화뇌동할 필요는 없어.

분위기
❶ 그 자리나 장면에서 느껴지는 기분

예 오늘 회의 분위기가 무거웠다.

❷ 어떤 시대에 자연스럽게 만들어진 사회적인 여론의 흐름

예 결혼을 하지 않는 사람들이 늘어나면서 출산율 저하로 인구 감소 분위기가 심해지고 있다.

바람
사회적으로 일어나는 일시적인 유행

예 일과 삶의 균형을 중요시하는 워라밸 바람이 불면서 좋은 직장의 조건이 바뀌고 있다.

*워라밸(work-life balance)
'일과 삶의 균형'이라는 뜻을 가진 신조어

계승

전승
문화, 풍속, 제도 등을 이어받음 또는 그것을 물려주어 잇게 함

예 민요는 세대를 거쳐 전승되어 내려온 음악이다.

상속
❶ 뒤를 이음

❷ 한 사람이 사망한 후에 다른 사람에게 재산에 관한 권리와 의무를 이어 주는 것

예 이 건물은 조부모로부터 상속받은 것이다.

후계
❶ 어떤 일이나 사람의 뒤를 이음

예 할아버지는 음식점을 이어받아 이끌어 갈 후계 문제를 고민하고 계신다.

❷ 어떤 일이나 사람의 뒤를 잇는 사람

예 제가 회장님의 후계입니다.

청출어람
(靑出於藍 한해살이 풀인 쪽에서 뽑아낸 푸른 물감이 쪽보다 더 푸름)
제자나 후배가 스승이나 선배보다 나음을 뜻하는 말

예 청출어람이라더니 내 뒤를 이을 네가 나보다 훨씬 낫구나.

낱말과교과

※ 글을 읽으면서 모르는 낱말이 나오면 밑줄 긋고, 사전에서 뜻을 찾아 써 보세요.

과학 4학년 2학기 　　　　　　　　　　　　　　　　　　　　　　　　핵심 개념 지진

　　땅이 지구 내부에서 작용하는 힘을 오랫동안 받으면 끊어지면서 흔들리게 됩니다. 이것을 '지진'이라고 하고, 지진이 발생한 이후에 이어서 발생하는 작은 지진을 '여진'이라고 부릅니다. 여진은 본진이 일어난 곳의 깊이가 얕을수록 더 많이 발생하는 경향이 있습니다.

내 어휘 더하기		

사회 5학년 2학기 　　　　　　　　　　　　　　　　　　　　　　핵심 개념 서민 문화의 특징

　　조선 후기 서민 문화에는 한글 소설, 민화, 판소리, 탈춤 등이 있습니다. 탈춤과 한글 소설 내용을 살펴보면 당시 사회 분위기를 알 수 있습니다. 작품 내용이 양반을 비꼬거나 사회의 잘못된 점을 비판하는 경향을 보이기 때문입니다.

내 어휘 더하기		

음악 5학년 1학기 　　　　　　　　　　　　　　　　　　　　　　핵심 개념 메기고 받는 형식

　　한 사람이 메기는 소리를 먼저 부르고 이어서 여러 사람이 함께 받는 소리를 부르는 형식을 '메기고 받는 형식'이라고 합니다. 민요는 우리 조상들의 전통을 계승하여 전해 내려오는 노래입니다. 여러 사람이 함께 일을 하면서 노동의 고통을 잊기 위해 부르기도 했습니다.

내 어휘 더하기		

사회 5학년 2학기 　　　　　　　　　　　　　　　　　　　　　　핵심 개념 조선의 건국

　　태조 이성계는 새 나라를 세우고 고조선을 계승한다는 의미를 담아 '조선'이라고 그 이름을 지었습니다. 조선은 유교를 바탕으로 나라의 기틀을 세웠으며 왕과 신하들은 백성을 위한 정치를 하려고 노력했습니다.

내 어휘 더하기		

낱말익히기

1 다음 빈칸에 들어갈 알맞은 낱말을 초성을 이용해 쓰세요.

(1) 사회+실과 융합

　　가정에서 소비를 위한 선택 기준으로 친환경 물품에 대한 관심이 높아지고 있습니다. 가격이 조금 비싸더라도 환경을 살리는 물건을 구입하는 ㄱ ㅎ 이 나타나면서 '가치 소비'라는 말이 생겨나기도 했습니다.

(2) 사회

　　1919년 3월 1일 만세 운동에 참여한 유관순은 만세 운동을 하다가 일본 경찰에 체포되었습니다. 서대문 형무소에서 혹독한 고문을 당했지만, 옥중에서도 독립에 대한 의지를 꺾지 않았습니다. 유관순을 비롯하여 여러 독립운동가의 독립 정신을 ㄱ ㅅ 하여 나라를 사랑하는 마음을 기릅시다.

　　　(1) _____　　　　　　　(2) _____

2 다음 빈칸에 들어갈 알맞은 낱말을 <보기>에서 찾아 쓰세요(한 번씩만 쓸 수 있습니다).

<보기>　　　**동향　　분위기　　바람　　전승　　상속**

(1) 그 사람의 (　　　　　　　)을 낱낱이 파악하여 수시로 보고하도록 하라.
(2) 1980년대 민주화 (　　　　　　　)은 특히 학생 중심으로 퍼져 나갔어.
(3) 우리 조상들로부터 입에서 입으로 (　　　　　　)된 노래가 민요야.
(4) 협력하는 (　　　　　　)가 만들어지면서 결국 우리 반이 이겼지!

3 다음 대화의 빈칸에 들어갈 사자성어로 알맞은 것은 무엇인가요?

준호 효열이 네가 여기선 무조건 이 메뉴라고 했지?
효열 당연하지! 매운맛이 특별해! 이거 안 시키면 진짜 후회한다!
서진 한준호! 너 나랑 있을 때는 매운 음식 싫어한다고 했잖아.
현성 효열이 말 듣고 _____하고 있는 준호네! 어휴!

① 조삼모사　　　　② 일취월장　　　　③ 대대손손　　　　④ 부화뇌동　　　　⑤ 청출어람

낱말확인하기

오늘 배운 낱말을 넣어 나만의 짧은 문장을 써 보세요.

경향 :
〰〰

계승 :
〰〰

낱 말 이 해 하 기

2일차 복습 [경향/계승] 낱말을 설명해 보세요.

05 | 공정 公正   명사

공평하고 올바름

예 판사는 법과 양심에 따라 판결에 공정을 기해야 한다.

06 | 공평 公平   명사

어느 한쪽으로 쏠리지 않고 고름

예 모든 사람에게 공평 분배를 해야 한다.

낱말넓히기

공정

공평
어느 쪽으로도 치우치지 않고 고름
예 우리 반 친구들 모두에게 빼빼로를 공평하게 하나씩 나누어 주자.

형평
균형이 맞는 상태
예 저 팀에게만 휴가를 주시는 건 형평에 어긋나는 일이라고 생각합니다.

균등
고르고 가지런하여 차별이 없음
예 선생님께서 케이크를 균등하게 나누어 주셔서 불만이 없습니다.

정의
① 진리에 맞는 올바른 도리
② 개인 간의 올바른 도리. 또는 사회를 구성하고 유지하는 공정한 도리
예 경찰은 정의를 지키기 위해 노력하는 사람들이야.

편파
공정하지 못하고 어느 한쪽으로 치우친 것
예 아빠는 늘 동생 이야기만 들어 주시니까 편파적인 아빠보다 할머니께 말씀드리려고 합니다.

불공정
공평하지 않고 올바르지 않음
예 음악회 표를 그런 식으로 거래하는 것은 불공정 거래에 속한다.

공평

평등
권리, 의무, 자격이 차별 없이 고르고 한결같음
예 학생들에게는 교육 기회가 평등하게 주어져야 한다.

차별
둘 이상의 대상을 각각 등급이나 수준의 차이를 두어서 구별함
예 여학생에게만 축구를 못하게 하는 것은 남녀 차별이라고 생각합니다.

공평무사
(公平無私 공평하여 사사로움이 없음)
예 음악 선생님은 공평무사한 성격이셔서 노래를 잘 부르지 못한다고 해도 차별하지 않으신다.

불공평
한쪽으로 치우쳐 고르지 못함
예 모든 상황에서 항상 동생에게 양보를 해야 하는 것은 불공평합니다.

열 손가락 깨물어 안 아픈 손가락 없다
혈육은 다 귀하고 소중함을 비유적으로 이르는 말
예 열 손가락 깨물어 안 아픈 손가락 없다는 말처럼 부모님께서는 우리 형제들 모두에게 똑같은 마음을 가지고 계십니다.

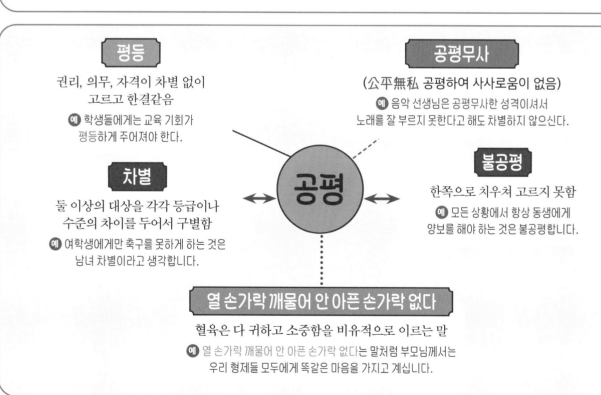

낱말과교과

※ 글을 읽으면서 모르는 낱말이 나오면 밑줄 긋고, 사전에서 뜻을 찾아 써 보세요.

사회 6학년 1학기　　　　　　　　　　　　　　　　　　**핵심 개념** 삼심 제도

　　법원에서는 재판을 통해 개인 간에 일어나는 다툼을 해결해 줍니다. 우리나라는 법원을 다른 국가기관으로부터 독립시켜 재판이 공정하게 이뤄질 수 있도록 하고 있으며 삼심 제도를 두어 잘 못된 판결로 발생할 수 있는 국민의 피해를 줄이기 위해 노력하고 있습니다.

내 어휘 더하기		

국어 6학년 2학기　　　　　　　　　　　　　　　　　　**핵심 개념** 공정 무역

　　생산자의 노동에 정당한 대가를 지불하여 생산자의 발전을 돕는 무역을 '공정 무역'이라고 합니다. 일부 국가에서는 물건을 생산하는 과정에서 어린이들을 고용하기도 하는데 공정 무역 제품은 어린이들의 인권을 존중하며 안전한 노동 환경을 제공하기 위해 노력합니다.

내 어휘 더하기		

수학 4학년 1학기　　　　　　　　　　　　　　　　　　**핵심 개념** 나눗셈

　　현철이가 친구들에게 줄 사탕을 준비했습니다. 사탕 한 봉지에 낱개 사탕 60개가 들어 있었습니다. 6명의 친구에게 사탕 60개를 공평하게 나누어 준다면, 친구 한 명에게 몇 개의 사탕을 주어야 하는지 알아봅시다.

내 어휘 더하기		

사회 5학년 2학기　　　　　　　　　　　　　　　　　　**핵심 개념** 강화도 조약

　　강화도 조약은 조선이 외국과 맺은 최초의 근대적 조약이자 불평등 조약입니다. 조약 중에 일본이 조선 해안을 자유롭게 측량하는 것을 허가한다는 내용이 포함되어 있는데 이것은 일본이 조선의 바다를 함부로 이용하고자 하는 속셈이 담겨 있습니다. 이로 인하여 조선을 쉽게 침략할 수 있기 때문에 공평하지 않은 조건이며 조선에게 불리한 조약입니다.

내 어휘 더하기		

낱말익히기

1 다음 빈칸에 들어갈 알맞은 낱말을 초성을 이용해 쓰세요.

(1) 사회+과학 융합

인건비, 물류비 등으로 인해 물건의 가격이 인상되기도 합니다. 이때 그 인상폭을 두고 불공정한 가격 인상이라는 의혹이 생길 경우 소비자 단체들은 기업을 대상으로 여러 가지 단체 활동을 합니다. 인상 근거에 대해 해명을 요구하거나 해당 제품에 대해 불매 운동을 하면서 ㄱ ㅈ 한 가격 인상을 촉구합니다.

(2) 도덕

우리 학급에는 장애를 가지고 있는 친구가 있습니다. 그 친구는 우리의 말소리를 잘 듣지 못합니다. 소리를 잘 듣기 위한 보조 장치를 착용하고 있지만 상대방의 입 모양을 통해 소리를 더 명확하게 파악합니다. 친구들은 이 친구가 교실 앞자리에 앉아 수업을 듣는 것에 모두 동의했습니다. 교육의 기회 측면에서 더 ㄱ ㅍ 하다고 생각했기 때문입니다.

(1) _____

(2) _____

2 다음 문장을 읽고, 괄호 안에서 알맞은 낱말을 골라 O표 하세요.

(1) 이것은 어느 쪽으로도 치우치지 않은 (공정한 / 편파적인) 결정이다.

(2) 성별의 차이 없이 누구나 (평등하게 / 정의롭게) 투표할 권리가 있다.

(3) 친구들과 세 개씩 (균등하게 / 형평하게) 나누어 먹었다.

(4) 모두가 행복한 학급이 되기 위해서 누구에게든 (차별 / 공평) 해야 한다.

3 다음 글의 빈칸에 들어갈 낱말로 알맞은 것은 무엇인가요?

사회적 약자를 도와주면 모두가 행복한 사회를 만들 수 있습니다. 어렵게 살아가고 있는 사람들에게 많은 복지 혜택을 주어서 스스로 자립하여 살아갈 수 있도록 도와주어야 합니다. 그들도 행복하게 살아갈 권리가 있기 때문입니다. 그것이 바로 _____을 실현하는 사회입니다.

① 균등   ② 평화   ③ 차별   ④ 사랑   ⑤ 공정

낱말확인하기
오늘 배운 낱말을 넣어 나만의 짧은 문장을 써 보세요.

공정 :

공평 :

낱말이해하기

3일차 복습 [공정/공평] 낱말을 설명해 보세요.

07 | 고려 考慮

명사

생각하고 이리저리 헤아려 봄

예 그곳에 터널을 만드는 것을 진지하게 고려 중이다.

08 | 공헌 貢獻

명사

힘을 써 도움이 되게 함

예 훌륭한 사람이 되어 사회 공헌을 해야겠다고 다짐했습니다.

낱말 넓히기

생각

1. 사물을 헤아리고 판단하는 것
   예 오랜 고민을 마치고 생각을 정리했다.
2. 어떤 사람이나 일 등에 대한 기억
   예 지난 제주도 여행이 생각난다.
3. 어떤 일을 하고 싶어 하거나
   관심을 가짐
   예 우리 영화 보러 갈 건데 너도 생각 있어?
4. 어떤 일을 하려고 마음을 먹음
   예 숨길 생각을 한 내 자신이 부끄러웠다.

감안

여러 사정을 살펴서 생각함
예 현재 정문 자동문이 고장 났으니 그 점을
감안하여 후문으로 입장해 주시기 바랍니다.

참고

1. 살펴서 생각함
   예 오후 2시에 운동회가 끝나니
   참고하셔서 다음 일정을 잡으세요.
2. 살펴서 도움이 될 만한 재료로 삼음
   예 조사 숙제에 참고 자료를 활용할 때는
   출처를 꼭 밝혀야 한다.

고려

심사숙고

(深思熟考 깊이 잘 생각함)
예 오랜 심사숙고 끝에 대상 후보작을 선정하였다.

사려

여러 가지 일에 대하여
깊게 생각함
예 민주는 우리 반에서 가장
사려 깊은 친구이다.

이바지

도움이 되게 함
예 일회용품 사용을 줄이는 것은 환경을
살리고 지구를 지키는 데 이바지하는 길이다.

기여

도움이 되도록 이바지함
예 피구 경기에서 우리 반의 승리에
결정적으로 기여한 사람은 우철이다.

헌신

몸과 마음을 바쳐 있는 힘을 다함
예 거동이 불편한 아내를 10년 동안
보살피고 있는 남편의 헌신에 대한
기사를 읽었다.

봉사

국가, 사회 또는 남을 위하여
자신을 돌보지 아니하고
힘을 바쳐 애씀
예 선생님은 심한 몸살에도 불구하고
앞장서서 쓰레기 줍기 봉사 활동을 하셨다.

종사

어떤 일에 마음과 힘을 다함
예 나는 책을 만드는 일에 종사하고
있다는 것이 정말 행복하다.

낱말과교과

※ 글을 읽으면서 모르는 낱말이 나오면 밑줄 긋고, 사전에서 뜻을 찾아 써 보세요.

국어 4학년 1학기

핵심 개념 듣는 사람을 고려한 말하기

듣는 사람에 따라 말하는 방법을 다르게 하면 더욱 효과적인 말하기가 될 수 있습니다. 듣는 사람이 동생이라면 이해하기 쉬운 말로 풀어서 이야기하고, 듣는 사람이 친구라면 친구가 관심을 보이는 내용을 흥미롭게 말해 주는 것이 좋습니다. 또, 여러 사람이 들을 경우에는 듣는 사람을 고려하여 높임말을 사용하는 것이 좋습니다.

내 어휘 더하기		

과학 5학년 1학기

핵심 개념 태양계 행성의 크기와 거리

태양계를 그림으로 나타낼 때 태양계 행성의 크기와 거리를 고려하여 그리면 보다 사실적인 태양계 그림이 완성됩니다. 태양계에서 상대적인 크기가 지구와 비슷한 행성은 금성이며, 크기가 가장 큰 행성은 목성입니다. 태양과 가장 가까운 거리에 있는 것은 수성이며 태양에서 거리가 멀어질수록 행성 사이의 거리도 멀어집니다.

내 어휘 더하기		

사회 6학년 1학기

핵심 개념 우리나라의 경제 발전

우리나라는 경제 성장을 이루기 위해 정부 주도로 경제 개발 계획을 추진했습니다. 1960년대 우리나라는 기술과 자본은 부족했지만 노동력이 풍부해 신발, 가발, 섬유 등을 만드는 경공업이 발달했습니다. 정부 주도의 경제 개발 계획은 1964년 수출 1억 달러를 달성하며 우리나라의 발전에 공헌했습니다.

내 어휘 더하기		

사회 6학년 2학기

핵심 개념 비정부 기구

시민의 사회 참여가 활발해지면서 환경 문제, 인권 문제 등 다양한 분야에서 비정부 기구가 활동하고 있습니다. 그중 한 곳인 국경 없는 의사회는 전쟁, 질병, 자연재해 등으로 고통받고 있는 사람들에게 의료 지원 활동을 펼침으로써 세계 평화와 발전에 공헌하고 있습니다.

내 어휘 더하기		

낱말익히기

1 다음 빈칸에 들어갈 알맞은 낱말을 초성을 이용해 쓰세요.

(1) 국어

읽는 사람을 생각해 글을 쓸 때에는 읽는 사람의 상황을 떠올려 보아야 합니다. 읽는 사람의 나이를 ㄱㄹ 해 어휘를 골라 사용하는 것도 중요합니다. 읽는 사람이 동생이라면 어려운 어휘를 사용하는 것보다는 이해하기 쉬운 어휘를 사용하는 것이 좋습니다.

(2) 사회

1970년대 우리나라는 경제 성장에 필요한 항구, 고속 국도, 철도, 발전소 등을 활발하게 건설했습니다. 철강, 조선, 석유 화학 등 중화학 공업의 발달을 이루어 냈으며, 이는 우리나라 경제 성장 속도를 가속화하는 데 크게 ㄱㅎ 했습니다.

(1) _____   (2) _____

2 다음 문장의 빈칸에 들어갈 알맞은 낱말을 찾아 선으로 이으세요.

(1) 너를 돕기 위해 잠자는 시간까지 줄여 가며 최선을 다해 _____ 하고 있어. •   • ㉠ 감안

(2) 환경을 지키고 지구를 보호하는 것에 _____하고 싶다면 일회용품 사용을 최소화하고 분리수거를 열심히 해야 해. •   • ㉡ 봉사

(3) 비가 내리고 있으니 오늘 체육 수업은 날씨를 _____해 실내 체육관 수업으로 진행하겠습니다. •   • ㉢ 참고

(4) 방송부에 들어가고 싶다면 내가 모아 둔 자료를 _____해서 준비해 보렴. •   • ㉣ 기여

3 다음 대화의 빈칸에 공통으로 들어갈 낱말은 무엇인가요?

소은 운동장 놀이터에서 놀기로 했는데 너도 _____ 있으면 청소 끝나고 내려와.
윤호 정말? 나 오늘 학원 안 가는 날이야. 안 그래도 방과 후에 뭐 하면 좋을지 _____하고 있었는데!
서준 우리 셋이 지난주에 엄청 재미있게 놀았던 _____이 난다.

① 고려   ② 공헌   ③ 생각   ④ 고민   ⑤ 기회

낱말확인하기 오늘 배운 낱말을 넣어 나만의 짧은 문장을 써 보세요.

고려 :

공헌 :

낱말이해하기

4일차 복습 [고려/공헌] 낱말을 설명해 보세요.

09 | 관련 關聯   명사

둘 이상의 사람, 사물, 현상 등이 서로 관계를 맺어 매여 있음

예 가을 운동회 관련 기사를 따로 모았습니다.

10 | 관점 觀點   명사

사물이나 현상을 살펴볼 때, 그 사람이 보고 생각하는 방향

예 개발을 위해 자연을 훼손하는 것에 부정적 관점을 가진 환경 단체들이 시위를 하고 있습니다.

낱 말 넓 히 기

연결
사물과 사물을 서로 잇거나 현상과 현상이 관계를 맺도록 함
예 아파트 화단 옆으로 길을 만들어서 학교 앞길과 연결하면 더 빨리 학교에 갈 수 있을 텐데!

연관
사물이나 현상이 일정한 관계를 맺는 일
예 음악 시간을 싫어하게 된 이유는 내가 음치인 것과 연관이 깊다.

해당
① 무엇에 관계되는 바로 그것
예 10월 독서 행사에서 봉사하기로 한 해당 부서 학생들은 오늘 회의가 있습니다.
② 어떤 범위나 조건에 정확히 맞음
예 무료 교환 조건을 확인해 본 결과 고객님은 해당 사항이 없습니다.

관련

상관
① 서로 관련을 가짐
예 오늘 우리 반에서 일어난 소동은 나와는 상관이 없는 일이다.
② 남의 일에 참견함
예 친구가 어떤 결정을 내리든 나는 상관을 하지 않겠다.

관계
① 둘 이상의 사람, 사물, 현상 등이 서로 관련이 있음
예 선생님과 우리 관계는 매우 가깝다.
② '까닭', '때문'의 뜻을 나타냄
예 체육관 공사 관계로 여름 방학 기간이 길어졌다.

시점
어떤 대상을 볼 때 시력의 중심이 닿는 곳
예 할머니의 시점에서는 아직도 아빠가 어린 아들의 모습이다.

입장
바로 눈앞에 처한 상황
예 친구가 간곡히 부탁을 해서 민정이의 입장이 매우 난처해졌다.

관점

태도
① 어떤 일이나 상황 등을 대하는 마음가짐
예 자신의 미래에 대해 긍정적인 태도를 가지고 있다.
② 어떤 일이나 상황 등에 대해 취하는 입장
예 어떤 상황에서도 나는 나의 태도를 일관되게 유지하겠다.

역지사지
(易地思之 입장을 바꾸어서 생각해 봄)
예 너의 사정을 충분히 알겠으니 역지사지하는 마음으로 내 입장도 이해해 주길 바란다.

시각
사물을 관찰하고 파악하는 기본적인 자세
예 바닥 신호등은 보행자의 시각에서 신호등을 바로 확인할 수 있게 도와준다.

낱말과 교과

※ 글을 읽으면서 모르는 낱말이 나오면 밑줄 긋고, 사전에서 뜻을 찾아 써 보세요.

과학 5학년 1학기

핵심 개념 **속력과 관련된 안전장치**

안전띠는 속력과 관련된 안전장치입니다. 자동차가 빠른 속력으로 달리다가 사고가 날 경우 안전 띠가 우리 몸을 고정해 주는 역할을 하기 때문입니다. 에어백은 충돌 사고가 일어났을 때 부풀어 올라 운전자가 받는 충격을 줄여 주고, 과속 방지턱은 운전자가 자동차의 속력을 줄이게 만들어서 사고를 예방하는 역할을 합니다.

내 어휘 더하기		

과학 6학년 2학기

핵심 개념 **연소의 조건**

연소의 조건과 관련지어 불을 끄는 방법을 설명해 보면, 그 첫 번째는 탈 물질 제거입니다. 타고 있는 촛불의 심지를 자르면 탈 물질이 없어지므로 촛불이 꺼집니다. 두 번째 방법은 산소를 차단하는 것입니다. 집기병으로 타고 있는 초를 덮으면 산소가 차단되기 때문에 촛불이 꺼집니다.

내 어휘 더하기		

도덕 5학년 1학기

핵심 개념 **긍정적인 생활**

매일 아침마다 긍정 생활 선언문을 외치는 가족이 있습니다. 긍정적인 관점으로 세상을 바라보고 긍정적인 생활을 실천하는 가족은 하루를 기분 좋게 시작할 뿐만 아니라 자기 자신에 대한 믿음과 신뢰가 커져 모든 일에 자신감을 가질 수 있습니다.

내 어휘 더하기		

사회 5학년 2학기

핵심 개념 **흥선 대원군**

흥선 대원군의 관점에서 서양 세력은 경계해야 할 대상이었습니다. 흥선 대원군은 나라 곳곳에 척화비를 세우고 통상을 거부했습니다. 척화비에는 서양과 교류하지 않겠다는 흥선 대원군의 강한 의지가 담겨 있습니다.

내 어휘 더하기		

낱말익히기

1 다음 빈칸에 들어갈 알맞은 낱말을 초성을 이용해 쓰세요.

(1) 국어

인물이 처한 상황에서 한 말이나 행동을 통해 우리는 그 인물의 삶과 [ㄱ ㄹ]된 가치를 찾아볼 수 있습니다. 이야기 속에서 동물 보호에 앞장서는 행동을 하는 인물을 만나게 된다면, 그 인물이 생명 존중을 중요한 가치로 생각한다는 것을 알 수 있습니다.

(2) 과학+도덕 융합

우리 주변을 둘러보면 스마트폰을 사용 중인 학생들을 쉽게 찾아볼 수 있습니다. 스마트폰을 둘러싼 여러 가지 문제점이 드러나면서 학생들의 스마트폰 사용에 대해 부정적 [ㄱ ㅈ]을 가진 사람들도 많이 있습니다. 그에 따라 학교에서는 디지털 시민교육을 통해 디지털 매체를 바르게 활용하는 방법을 교육합니다.

(1) _____   (2) _____

2 다음 낱말의 알맞은 뜻을 찾아 선으로 이으세요.

(1) 해당 •   • ㉠ 남의 일에 참견함

(2) 상관 •   • ㉡ 어떤 일이나 상황 등을 대하는 마음가짐

(3) 시점 •   • ㉢ 어떤 대상을 볼 때 시력의 중심이 닿는 곳

(4) 태도 •   • ㉣ 어떤 범위나 조건에 정확히 맞음

3 다음 대화에서 낱말을 잘못 사용한 사람은 누구인지 쓰세요. (   )

우진 그네 사건에 연관되어 있는 사람이 너야?
해인 아니야. 나는 그 사건에 해당 없는걸.
윤재 우진아, 그네 사건은 너랑은 상관없는 일이잖아.
우진 그래도 난 너무 궁금하단 말이야. 제3자의 시점에서 정확하게 판단해 줄 수 있는데!
윤재 또 시작이다. 네가 무슨 수사관이라도 되냐? 너의 태도를 믿는 사람은 아무도 없을 텐데!

낱말확인하기
오늘 배운 낱말을 넣어 나만의 짧은 문장을 써 보세요.

관련 :

관점 :

첫째마당 진짜? 가짜!

※ 낱말에 대한 설명이 알맞으면 ○표, 알맞지 않으면 ×표 하세요. (가짜 1개)

01 | 개발 ○

토지나 천연자원 등을 쓸모 있게 만듦

02 | 계발

새로운 물건을 만들거나 새로운 생각을 내놓는 것을 뜻함

03 | 경향

현상이나 생각, 행동이 어떤 방향으로 기울어짐

04 | 계승

먼저 그 일을 했던 사람의 뒤를 이어받음
조상의 전통이나 문화유산, 업적 등을 물려받아 이어 나감

05 | 공정

공평하고 올바름

06 | 공평

어느 한쪽으로 쏠리지 않고 고름

07 | 고려

생각하고 이리저리 헤아려 봄

08 | 공헌

힘을 써 도움이 되게 함

09 | 관련

둘 이상의 사람, 사물, 현상 등이 서로 관계를 맺어 매여 있음

10 | 관점

사물이나 현상을 살펴볼 때, 그 사람이 보고 생각하는 방향

둘째마당 십자말을 풀어라!

① ㉠				② ㉡					㉢		③
	④				⑥						
	㉣	평								⑤ ㉤	
	㉥							◎			
	㉦	위	⑦				⑨ ㉧				
						⑩ ㉨					
	⑧									⑪	
	㉩	숙								㉫	

가로 열쇠

㉠ 아직까지 없던 기술이나 물건을 새로 만들어 냄
㉡ 공장에서 큰 규모로 물건을 만듦
㉢ 도움이 되게 함
㉣ 공평하여 사사로움이 없음
㉤ 어떤 대상을 볼 때 시력의 중심이 닿는 곳
㉥ 사회를 구성하고 유지하는 공정한 도리
㉦ 어떤 시대에 자연스럽게 만들어진 사회적인 여론의 흐름
◎ 사물을 헤아리고 판단하는 것
㉧ 사물과 사물을 서로 잇거나 현상과 현상이 관계를 맺도록 함
㉨ 남의 일에 참견함
㉩ 깊이 잘 생각함
㉫ 지식수준이 낮거나 오래된 생각과 습관에 젖은 사람을
   가르쳐서 깨우침

세로 열쇠

① 땅속이나 돌 더미 등에 묻혀 있는 것을 찾아서 파냄
② 어떤 재료를 이용해 새로운 물건이나 예술 작품을 만듦
③ 사회적으로 일어나는 일시적인 유행
④ 공평하지 않고 올바르지 않음
⑤ 사물을 관찰하고 파악하는 기본적인 자세
⑥ 국가, 사회 또는 남을 위해 자신을 돌보지 않고 힘을 바쳐 애씀
⑦ 도움이 되도록 이바지함
⑧ 어떤 일에 마음과 힘을 다함
⑨ 사물이나 현상이 일정한 관계를 맺는 일
⑩ 한 사람이 사망한 후에 다른 사람에게 재산에 관한
   권리와 의무를 이어 주는 것
⑪ 어떤 일이나 사람의 뒤를 잇는 사람

2주차

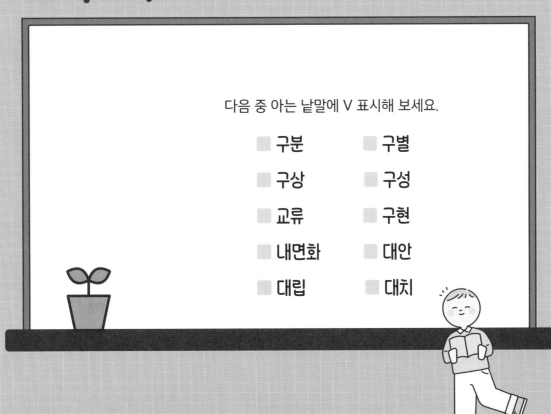

다음 중 아는 낱말에 V 표시해 보세요.

- ■ 구분
- ■ 구별
- ■ 구상
- ■ 구성
- ■ 교류
- ■ 구현
- ■ 내면화
- ■ 대안
- ■ 대립
- ■ 대치

낱말이해하기

5일차 복습 [관련/관점] 낱말을 설명해 보세요.

11 | 구분 區分　　　　명사

일정한 기준에 따라 전체를 몇 개로 나눔

예 남자와 여자의 구분은 성별의 차이일 뿐 능력의 차이는 아니다.

12 | 구별 區別　　　　명사

성질이나 종류에 따라 차이가 남
성질이나 종류에 따라 갈라놓음

예 조선 시대에는 신분 구별로 사람을 나누었다.

낱말넓히기

구분

가름
❶ 쪼개거나 나누어 따로따로 되게 함
예 비슷하게 생겨서 철쭉인지 진달래인지 가름할 수가 없다.

❷ 승부나 등수 등을 정하는 일
예 무승부였기 때문에 마지막 경기에서 가름을 내야 한다.

분류
종류에 따라서 나눔
예 학교 도서관 책은 종류에 따라 분류되어 있다.

분간
❶ 사물이나 사람의 옳고 그름, 좋고 나쁨 등을 구별하거나 가려서 앎
예 거짓말 탐지기는 그 사람이 하는 말이 진실인지 거짓인지 분간하는 데 도움을 준다.

❷ 어떤 대상이나 사물을 다른 것과 구별해 냄
예 일란성 쌍둥이 지은이와 지효는 교실 밖에서 마주치면 분간이 잘 안 간다.

선별
구별해서 따로 나눔
예 잘 익은 것 중에서 모양이 예쁜 딸기를 선별하여 판매용 바구니에 담는다.

구별

분별
서로 다른 일이나 사물을 구별하여 나눔
예 슬픔의 눈물인지 억울함의 눈물인지 분별이 되지 않았다.

차별
둘 이상의 대상을 각각 등급이나 수준의 차이를 두어서 구별함
예 〈홍길동전〉을 읽어 보면, 신분 제도로 인해 차별이 있었다는 것을 알 수 있다.

식별
분별하여 알아봄
예 미식가 수철이는 음식 맛을 보고 재료를 기가 막히게 식별해 낸다.

판별
옳고 그름이나 좋고 나쁨을 판단하여 구별함
예 이 상황은 선생님께 정확하게 판별해 달라고 요청해야 한다.

도긴개긴
(윷놀이에서 도로 남의 말을 잡을 수 있는 거리나 개로 남의 말을 잡을 수 있는 거리는 크게 차이가 없음)
본질적으로 비슷하여 구별하기 어려운 상황에서 사용하는 표현
예 개구쟁이 남매 중 누가 더 바르게 학교생활을 하는지 정확하게 알기는 어렵지만, 남매의 부모는 도긴개긴일 것이라고 생각했다.

※ 글을 읽으면서 모르는 낱말이 나오면 밑줄 긋고, 사전에서 뜻을 찾아 써 보세요.

과학 4학년 1학기 　　　　　　　　　　　　　　　　　　　　**핵심 개념** 퇴적암 알갱이 크기

퇴적암은 알갱이의 크기로 구분할 수 있습니다. 알갱이의 크기가 큰 자갈에 모래나 진흙이 섞여 이루어진 암석을 역암이라고 하고, 진흙보다 알갱이의 크기가 큰 모래로 이루어진 암석을 사암이라고 합니다. 진흙과 같이 작은 알갱이의 크기로 이루어진 암석을 이암이라고 합니다.

내 어휘 더하기		

사회 6학년 2학기 　　　　　　　　　　　　　　　　　　　　**핵심 개념** 세계 여러 나라의 기후

기후란 한 지역에서 여러 해에 걸쳐 나타나는 평균적인 날씨입니다. 기후는 기온과 강수량을 기준으로 구분하는데 한대 기후, 냉대 기후, 온대 기후, 열대 기후, 건조 기후, 고산 기후로 나눌 수 있습니다.

내 어휘 더하기		

국어 4학년 1학기 　　　　　　　　　　　　　　　　　　　　**핵심 개념** 사실과 의견

글을 읽고 사실과 의견을 구별하기 위해서는 먼저 글이 실제로 겪은 일을 나타낸 부분인지 생각해 봅니다. 실제로 겪은 일을 나타낸 부분은 '사실'이고 그 일에 대한 생각을 나타낸 부분이 '의견'입니다.

내 어휘 더하기		

음악 4학년 1학기 　　　　　　　　　　　　　　　　　　　　**핵심 개념** 리코더 운지

리코더 윗관 뒷면이나 하단 부분의 알파벳 표기를 확인하여 저먼식 리코더와 바로크식 리코더를 구별합니다. 저먼식 리코더는 알파벳 G가 표기되어 있고, 바로크식 리코더는 알파벳 B가 표기되어 있습니다. 두 리코더는 '파'의 운지법이 다릅니다.

내 어휘 더하기		

낱말 익히기

1 다음 빈칸에 들어갈 알맞은 낱말을 초성을 이용해 쓰세요.

(1) 사회

　　우리나라는 전통적으로 산맥, 높은 고개, 강 등의 자연환경이나 시설물 등의 인문환경을 기준으로 지역을 [ㄱ ㅂ] 하였습니다. 조선 시대에는 전국을 8개의 지역으로 나누어 나라를 다스렸는데 이것은 현재 우리나라 행정구역의 기본이 되었습니다.

(2) 국어

　　글에서 글쓴이가 내세우고 있는 생각을 주장이라고 하고, 이를 뒷받침하는 내용을 근거라고 합니다. 주장과 근거를 [ㄱ ㅂ] 하기 위해서는 각 문단의 중심 내용을 확인해 보고 글쓴이의 의견이 무엇인지 알아본 후, 글쓴이가 글에서 여러 번 강조해 사용하고 있는 낱말을 확인해 봅니다.

(1) _____　　　　　　(2) _____

2 다음 빈칸에 들어갈 알맞은 낱말을 <보기>에서 찾아 쓰세요(한 번씩만 쓸 수 있습니다).

<보기>　　　**가름　　선별　　분간　　식별　　분류**

(1) 지나가는 자동차를 보면 어떤 회사의 자동차인지 즉각 (　　　　　　)할 수 있어.
(2) 우리 식당을 대표할 수 있는 최고의 음식으로 (　　　　　　)해서 준비할게.
(3) 친구의 말이 진심인지 (　　　　　　)이 되지 않아서 고민 중이야.
(4) 최고의 달인은 마지막 승부에서 (　　　　　　)하기로 하였다.

3 다음 대화 내용에 알맞은 표현은 무엇인가요?

　　효주 도토리 키 재기 하고 있는 거야? 너희 둘 실력은 비슷비슷해.
　　예은 아니야. 내가 조금 더 잘한다고! 오늘은 실수가 많았어.
　　준서 오늘은 우석이가 운이 좋았던 것 같아. 내일 다시 경기하면 예은이가 이길 듯!
　　우석 예은아, 친구들 말대로 우리 둘의 실력은 별 차이가 없는 것 같아.

① 죽마고우　　　② 도긴개긴　　　③ 쏜살같이　　　④ 금이 가다　　　⑤ 청출어람

낱말 확인하기 　오늘 배운 낱말을 넣어 나만의 짧은 문장을 써 보세요.

구분 :
＿＿＿＿＿＿＿＿＿＿＿＿＿＿＿＿＿＿＿＿＿＿＿＿＿＿＿＿＿＿＿＿＿＿＿＿＿＿

구별 :
＿＿＿＿＿＿＿＿＿＿＿＿＿＿＿＿＿＿＿＿＿＿＿＿＿＿＿＿＿＿＿＿＿＿＿＿＿＿

낱말 이해하기

6일차 복습 [구분/구별] 낱말을 설명해 보세요.

13 | 구상 構想　명사

❶ 앞으로 하려는 일의 내용이나 규모, 실현 방법 등을 어떻게 정할 것인지 여러가지로 생각함

　예 어버이날 비밀 이벤트에 대해 형, 누나랑 구상을 해 보았다.

❷ 예술 작품을 만들 때, 작품이 될 내용이나 표현 형식 등을 정리함

　예 가을을 주제로 한 그림 그리기 대회를 위해 작품 구상 시간을 드리겠습니다.

14 | 구성 構成　명사

몇 가지 부분들을 모아서 일정한 전체를 짜 이룸

　예 이번 일을 해결하기 위해 우리 학급에서 자율 독서회 구성을 고민 중이다.

낱말넓히기

생각
앞으로 일어날 일에 대하여 상상해 봄
예 6학년 졸업식 날의 나에 대해 생각해 보았다.

계획
앞으로 할 일의 절차, 방법, 규모 등을 미리 생각해 결정함
예 중학생이 되기 전 마지막 겨울 방학이니 공부 계획을 세워야겠다.

상상
실제 경험하지 않은 일이나 사물에 대하여 마음속으로 그려 봄
예 전교 1등을 상상해 본 적이 없어.

설계
❶ 계획을 세움. 또는 그 계획
예 여가 시간을 잘 설계해 봐.
❷ 건축이나 기계 제작 등에서 그 목적에 따라 실제적인 계획을 세워 도면 등에 보여주는 것
예 이 건물은 매우 유명한 건축가가 설계했다.

구상

머리를 굴리다
좋은 생각을 해 내려고 노력할 때 사용하는 말
예 머리를 굴려서 기가 막힌 생각을 해냈어.

머리를 쥐어짜다
몹시 애를 써서 생각해 내는 상황에서 사용하는 말
예 걱정만 하지 말고 머리를 쥐어짜서 해결할 생각을 해야지.

형성
어떤 사물의 모양이나 상태를 이룸
예 사람들이 모여 살기 시작해 마을을 형성하게 되었다.

조직
특정한 목적을 이루기 위해 여러 요소를 모아서 체계 있는 집단을 이룸
예 바람직한 수업 분위기를 위해서 학급 자치회 조직을 다시 만들기로 했다.

짜임새
❶ 짜인 모양새
예 이 옷은 짜임새가 매우 예쁘다.
❷ 글이나 이론 등의 내용이 앞뒤 연관과 체계를 잘 갖추고 있는 상태
예 이렇게 엉성한 짜임새를 가진 글이 상을 받았다니!

구성

구조
부분이나 요소가 어떤 전체를 짜 이룸
예 한옥의 구조는 여름에는 바람이 잘 통하고 겨울에는 보온이 잘 이루어지게 되어 있다.

형태
❶ 사물의 생김새나 모양
예 내 책상의 형태는 누나 책상의 형태와 다르다.
❷ 어떠한 구조나 전체를 이루고 있는 것이 일정하게 갖추고 있는 모양
예 요즘 우리나라는 1인 가구의 형태가 늘어나는 추세이다.

뼈대를 갖추다
일이나 계획에서 중요한 것을 마련했을 때 하는 말
예 책 읽는 공간과 책 읽는 시간에 대한 약속을 만들었으니 아침 독서에 대한 뼈대는 갖춘 셈이야.

낱 말 과 교 과

※ 글을 읽으면서 모르는 낱말이 나오면 밑줄 긋고, 사전에서 뜻을 찾아 써 보세요.

과학 4학년 2학기

핵심 개념 생존 가방

　최근 우리나라에서도 지진 발생 횟수가 늘고 있습니다. 예고 없이 재난 상황에 처했을 때 생존 가방에 무엇이 필요할지 미리 구상하고 준비해 두면 지진 발생 시 피해를 줄일 수 있습니다. 생존에 필요한 물건은 최소 3일 동안 생활할 수 있을 만큼을 준비합니다.

내 어휘 더하기		

수학 6학년 2학기

핵심 개념 입체도형 구조물

　우리 주변을 둘러보면 원기둥, 원뿔, 구 모양의 구조물들이 많이 있습니다. 건축물이나 장식품 등 다양한 구조물을 입체도형으로 나타낼 수 있습니다. 원기둥, 원뿔, 구 모양의 입체도형을 활용하여 나만의 구조물을 구상해 봅시다.

내 어휘 더하기		

국어 4학년 2학기

핵심 개념 이야기의 구성 요소

　이야기에서 인물, 사건, 배경을 이야기의 구성 요소라고 합니다. 이야기에서 어떤 일을 겪는 사람이나 사물, 이야기에서 일어나는 일, 이야기가 펼쳐지는 시간과 장소가 바로 그것입니다.

내 어휘 더하기		

과학 5학년 2학기

핵심 개념 생태계 구성 요소

　생태계는 생물 요소와 비생물 요소로 구성되어 있습니다. 그중 생물 요소는 먹고 먹히는 관계로 이루어져 있는 먹이 사슬과 먹이 그물을 말합니다. 생물의 먹이 관계는 사슬처럼 연결되어 나타나고 그물처럼 복잡하게 얽혀 있습니다.

내 어휘 더하기		

낱말익히기

1 다음 빈칸에 들어갈 알맞은 낱말을 초성을 이용해 쓰세요.

(1) 미술+과학 융합

부직포는 물을 잘 흡수하고 증발이 잘 되는 재료입니다. 재료를 탐색하고 모양을 ㄱㅅ 하여 '증발'의 원리를 이용한 나만의 가습기를 만들 수 있습니다. 부직포에 가위집을 많이 내어 물이 잘 증발하도록 만들고 하단 부분을 물에 담가 놓은 후 물이 계속 재료를 타고 올라가도록 하면 부직포 가습기가 완성됩니다.

(2) 국어+사회 융합

요즘 우리의 언어 습관을 관찰해 보면 문제점이 매우 많습니다. 잘못된 우리말 사용 실태를 조사한 후 시작하는 말, 전달하려는 내용, 끝맺는 말로 글을 ㄱㅅ 하여 원고를 작성한 후 발표해 봅시다. 바른 언어 사용 습관에 대한 경각심을 가지게 될 것입니다.

(1) _____   (2) _____

2 다음 문장을 읽고, 괄호 안에서 알맞은 낱말을 골라 ○표 하세요.

(1) 나의 발전을 위해 하루에 해야 할 일을 더 철저하게 (계획 / 상상)해야겠다.

(2) 다음 주에 가게 되는 현장체험학습을 (생각 / 설계)하니 기대된다.

(3) 학급 발표회를 위해 특별한 연주 모임을 (형성 / 조직)하였다.

(4) 급식실의 (구조 / 짜임새)가 새롭게 변화하면 이용하기 더 편리해질 것이다.

3 다음 대화 상황에 어울리는 관용 표현은 무엇인가요?

온유 분명 답이 이 안에 있을 텐데…….
지원 와, 진짜 모르겠다. 무슨 문제가 이렇게 어려운 거야?
도현 도형을 삼각형 두 개로 나누어서 생각해 보면 어때?
소율 사다리꼴을 삼각형 두 개로 나누어 보자는 거구나?
윤호 이 방법, 저 방법 다양하게 생각해 보는 것에 찬성이야.

① 머리를 올리다   ② 머리를 굴리다   ③ 머리가 굳다   ④ 머리를 숙이다   ⑤ 머리가 젖다

낱말확인하기

오늘 배운 낱말을 넣어 나만의 짧은 문장을 써 보세요.

구상 :

구성 :

낱말이해하기

7일차 복습 [구상/구성] 낱말을 설명해 보세요.

15 | 교류 交流　　　　명사

문화나 사상 등이 서로 통함
사람들이 서로 다른 지역을 오고 가거나 물건, 문화, 기술 등을 주고받는 것

예 남북한의 교류가 활발하게 이루어져 통일을 앞당겼으면 좋겠다.

16 | 구현 具現　　　　명사

어떤 내용이 구체적인 사실로 나타나게 함

예 나는 정의 구현을 위한 천사초등학교의 영웅이 되고 싶다.

낱말 넓히기

교환

❶ 서로 바꿈

(예) 고장 난 장난감이 배송되어서 교환 신청했어.

❷ 서로 주고받고 함

(예) 지금부터 5분 동안 모둠 친구들과 의견을 교환하세요.

소통

❶ 막힘없이 잘 통함

(예) 오늘 아침 출근 시간에는 차량 소통이 원활했다.

❷ 뜻이 서로 통하여 오해가 없음

(예) 2모둠은 모둠 활동 때 소통이 매우 잘 이루어진다.

교류

상통

서로 마음과 뜻이 통함

(예) 10년 지기 친구와는 말하지 않아도 상통하는 것이 있다.

의사소통

가지고 있는 생각이나 뜻이 서로 통함

(예) 내 동생은 영어 실력이 뛰어나 영어로 의사소통하는 데 문제가 없다.

이심전심

(以心傳心 마음과 마음으로 서로 뜻이 통함)

(예) 지윤이랑 효철이는 회의 시간에 이심전심을 느꼈다.

먼 사촌보다 가까운 이웃이 낫다

이웃끼리 서로 친하게 지내며 자주 교류하면 멀리 있는 친척보다 더 가깝게 느끼며 서로 돕고 살게 된다는 의미

(예) 이웃과 교류를 잘하고 지낸다면 먼 사촌보다 가까운 이웃이 낫다는 말처럼 의지가 된다.

실현

꿈이나 기대 등을 실제로 이룸

(예) 나는 꿈을 실현하기 위해 최선을 다하고 있다.

구현

표상

❶ 옳거나 훌륭하여 배우고 따를 만한 대상

(예) 세 번이나 실패했음에도 불구하고 끝까지 포기하지 않고 도전한 그는 우리의 표상이 되었다.

❷ 추상적이거나 드러나지 않은 것을 구체적인 모양이나 상태로 나타냄

(예) 아저씨께서 신고 계시는 낡은 신발은 부지런하고 검소한 아저씨의 성격을 드러내 주는 표상이다.

조성

❶ 무엇을 만들어서 이룸

(예) 우리 학교는 학교 숲을 조성하여 자연친화적인 학교를 만들었다.

❷ 분위기나 정세 등을 만듦

(예) 학교 복도 곳곳에 책을 소개하는 게시판을 만들어 독서하는 분위기를 조성했다.

큰일을 치다

중요한 일을 해냈을 때 쓰는 관용 표현

(예) 지성이가 이번에 국가대표로 선발되다니 큰일을 쳤네!

낱말과교과

※ 글을 읽으면서 모르는 낱말이 나오면 밑줄 긋고, 사전에서 뜻을 찾아 써 보세요.

사회 4학년 2학기 | 핵심 개념 촌락과 도시의 교류

도시에 사는 지은이는 어느 촌락의 버섯 축제에 가기로 했습니다. 촌락에 사는 민우는 주말을 이용해 가족과 함께 도시에 있는 큰 박물관을 견학합니다. 촌락과 도시는 자연환경과 문화 등이 다르기 때문에 교류를 하여 물건이나 기술, 문화 등을 서로 주고받습니다.

내 어휘 더하기		

사회 6학년 1학기 | 핵심 개념 다른 나라와의 경제 교류

다른 나라와의 경제 교류로 외국 기업에 취업할 수 있는 기회가 많아져 개인의 경제 활동 범위가 넓어졌습니다. 또한 다른 나라에서 수입한 열대 과일들이 많아지면서 세계 여러 상품을 선택할 수 있는 기회도 늘어났습니다.

내 어휘 더하기		

도덕 5학년 1학기 | 핵심 개념 세계의 인권

아직도 세계 곳곳에는 생명의 위협을 받으며 어려운 환경 속에서 살아가는 사람들이 있습니다. 세계 사람들이 모두 인권을 존중받으며 살아가는 세상을 구현하기 위해 라이프 스트로와 같은 발명품을 발명하여 전달하기도 합니다.

*라이프 스트로: 오염된 물을 정수하는 발명품

내 어휘 더하기		

도덕 5학년 2학기 | 핵심 개념 갈등 해결

갈등을 평화롭게 해결하면 갈등 관계에 있는 사람들이 서로 불편하지 않고 관계가 오히려 돈독해질 수 있습니다. 예를 들어 층간 소음 문제가 생겼을 때 평화로운 갈등 해결을 구현하는 방법으로는 이웃끼리 편지를 주고받으며 서로의 마음을 이해하고 조금 더 서로를 배려하려고 노력하는 방법이 있습니다.

내 어휘 더하기		

낱말익히기

1 다음 빈칸에 들어갈 알맞은 낱말을 초성을 이용해 쓰세요.

(1) 사회

같은 물건을 생산하는 다른 나라의 기업과 경제 ｜ ㄱ ㄹ ｜ 를 하게 되면 기업과 기업, 나라와 나라 사이에 상호 의존 및 경쟁 관계가 만들어집니다. 두 나라의 기업은 품질이 우수하고 기술이 뛰어난 제품을 만들기 위해 노력하게 되면서 품질을 인정받은 기업은 경제적 이익을 얻게 되어 더욱 발전할 수 있습니다.

(2) 도덕+사회 융합

인권이란 인간이라면 누구나 마땅히 누릴 수 있는 권리를 말합니다. 서로의 인권이 지켜지는 사회를 ｜ ㄱ ㅎ ｜ 하기 위해서는 내가 소중한 만큼 상대방도 소중하다는 것을 이해하고 누구나 행복하게 살 수 있도록 서로를 존중해야 합니다.

(1) _____　　　(2) _____

2 다음 문장의 빈칸에 들어갈 알맞은 낱말을 찾아 선으로 이으세요.

(1) 나눔 장터에 내가 가져온 물건이랑 네가 가져온 가방을 _____해도 될까?　　•　　•　㉠ 조성

(2) 서로 자기 생각만 말하지 말고 입장 바꿔 생각해 본 후 _____하는 게 좋겠어.　　•　　•　㉡ 소통

(3) 가정에서 부모님과 함께 스마트폰 중독 예방을 위한 분위기를 _____하여 실천하세요.　　•　　•　㉢ 실현

(4) 꾸준히 달리기 연습을 했다. 드디어 내일이 대회에서 내 꿈을 _____하는 날이다!　　•　　•　㉣ 교환

3 다음 대화 상황에 어울리는 사자성어는 무엇인가요?

은화 은지랑 주말에 마라탕도 먹고 사진도 찍고 즐거운 시간을 보냈어.
지원 너희 싸운 적 한 번도 없어?
은화 은지랑 나는 비슷한 점이 많아. MBTI도 똑같고! 신기할 정도야. 우린 눈빛만 봐도 서로 무슨 생각을 하는지 알거든.

① 이심전심　　② 상전벽해　　③ 청출어람　　④ 역지사지　　⑤ 심사숙고

낱말확인하기
오늘 배운 낱말을 넣어 나만의 짧은 문장을 써 보세요.

교류 : _____

구현 : _____

낱말이해하기

8일차 복습 [교류/구현] 낱말을 설명해 보세요.

17 | 내면화 內面化　　　　명사

정신적·심리적으로 깊이 마음속에 자리 잡게 함

예 정직이라는 가치의 내면화는 의지가 필요한 일이다.

18 | 대안 對案　　　　명사

어떤 일에 대처할 방법이나 계획

예 갑자기 이런 일이 생기다니 대안을 고민해야겠다.

낱 말 넓 히 기

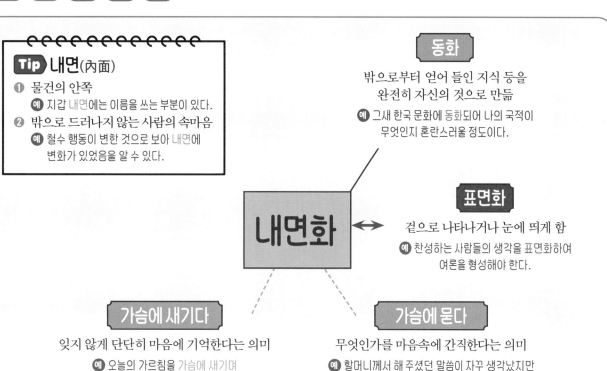

Tip 내면(內面)

❶ 물건의 안쪽
   예 지갑 내면에는 이름을 쓰는 부분이 있다.
❷ 밖으로 드러나지 않는 사람의 속마음
   예 철수 행동이 변한 것으로 보아 내면에 변화가 있었음을 알 수 있다.

동화
밖으로부터 얻어 들인 지식 등을 완전히 자신의 것으로 만듦
예 그새 한국 문화에 동화되어 나의 국적이 무엇인지 혼란스러울 정도이다.

내면화

표면화
겉으로 나타나거나 눈에 띄게 함
예 찬성하는 사람들의 생각을 표면화하여 여론을 형성해야 한다.

가슴에 새기다
잊지 않게 단단히 마음에 기억한다는 의미
예 오늘의 가르침을 가슴에 새기며 집으로 돌아갔다.

가슴에 묻다
무엇인가를 마음속에 간직한다는 의미
예 할머니께서 해 주셨던 말씀이 자꾸 생각났지만 할머니와의 추억은 이제 가슴에 묻을 수밖에 없었다.

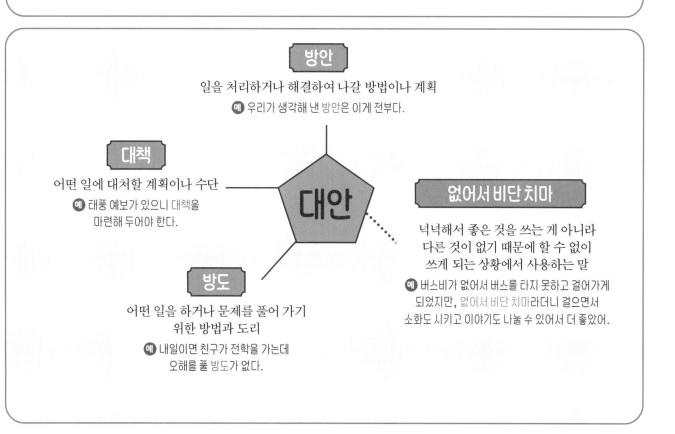

방안
일을 처리하거나 해결하여 나갈 방법이나 계획
예 우리가 생각해 낸 방안은 이게 전부다.

대책
어떤 일에 대처할 계획이나 수단
예 태풍 예보가 있으니 대책을 마련해 두어야 한다.

대안

없어서 비단 치마
넉넉해서 좋은 것을 쓰는 게 아니라 다른 것이 없기 때문에 할 수 없이 쓰게 되는 상황에서 사용하는 말
예 버스비가 없어서 버스를 타지 못하고 걸어가게 되었지만, 없어서 비단 치마라더니 걸으면서 소화도 시키고 이야기도 나눌 수 있어서 더 좋았어.

방도
어떤 일을 하거나 문제를 풀어 가기 위한 방법과 도리
예 내일이면 친구가 전학을 가는데 오해를 풀 방도가 없다.

낱말과교과

※ 글을 읽으면서 모르는 낱말이 나오면 밑줄 긋고, 사전에서 뜻을 찾아 써 보세요.

도덕 5학년 2학기
핵심 개념 정직

정직이란 남을 속이지 않는 것일 뿐만 아니라 자신을 속이지 않는 것입니다. 정직한 사람은 자신을 포함해서 누군가에게 사실대로 말할 수 있어야 하며 핑계를 대지 않습니다. 또한 스스로 한 약속을 잘 지키는 사람입니다. 정직하게 생활하는 방법을 이해하고 생활 속에서 실천하면서 내면화하기 위해 노력합시다.

내 어휘 더하기		

도덕 6학년 1학기
핵심 개념 도덕적 성찰

도덕적인 삶을 실천하고 이를 내면화하는 과정에서 성찰은 매우 중요합니다. 성찰이란 자신의 삶을 돌아보고 깊이 살피는 것입니다. 자신이 올바른 삶을 살아가고 있는지, 앞으로 올바르게 살아가기 위해서는 어떻게 하는 것이 좋은지에 대해 진지하게 생각해 봅시다.

내 어휘 더하기		

국어 5학년 2학기
핵심 개념 매체 활용 글쓰기

종이에 쓴 글은 고치려는 부분만 따로 떼어 낸 후 다시 고쳐 써 넣기가 어려웠고, 전문적으로 교정을 본다면 교정 부호를 익혀야 하는 어려움이 있었습니다. 디지털 매체를 활용한 글쓰기는 원하는 부분만 쉽게 지우고 다시 쓸 수 있기 때문에 그것에 대한 대안이 될 수 있을 것입니다.

내 어휘 더하기		

사회 4학년 1학기
핵심 개념 저출산·고령화 대비

저출산·고령화 현상이 우리 사회에 미치는 영향은 매우 큽니다. 저출산 문제에 대비하기 위해 출산을 장려하는 정책을 마련하고 아이를 키우는 데 필요한 지원을 적극적으로 해 주어야 합니다. 고령화 문제에 대한 대안으로 노인 일자리 창출에도 관심을 가져야 합니다.

내 어휘 더하기		

낱말 익히기

1 다음 빈칸에 들어갈 알맞은 낱말을 초성을 이용해 쓰세요.

(1) 도덕

우리는 인사 예절, 전화 예절, 식사 예절 등 여러 가지 예절을 지키며 살아갑니다. 대상과 상황을 고려하여 알맞은 예절을 지키면 상대방에 대한 존중과 배려를 실천할 수 있습니다. 예절의 중요성을 이해하고 이를 ㄴ ㅁ ㅎ 하여 일상생활에서 실천해야 합니다.

(2) 도덕+사회 융합

대중교통에서 교통 약자들이 그들을 위한 배려석을 원활하게 이용할 수 있도록 지원해야 합니다. 초기 임산부의 경우 겉으로 잘 드러나지 않아 배려석 이용에 어려움이 있습니다. 이를 해결하기 위한 ㄷ ㅇ 으로 임산부임을 확인하는 열쇠고리나 배지 등을 가방에 부착하여 표시하는 방법이 활용되고 있습니다.

(1) _____   (2) _____

2 다음 낱말의 알맞은 뜻을 찾아 선으로 이으세요.

(1) 동화   •   • ㉠ 일을 처리하거나 해결하여 나갈 방법이나 계획

(2) 표면화   •   • ㉡ 밖으로부터 얻어 들인 지식 등을 완전히 자신의 것으로 만듦

(3) 방안   •   • ㉢ 어떤 일에 대처할 계획이나 수단

(4) 대책   •   • ㉣ 겉으로 나타나거나 눈에 띄게 함

3 다음 대화에서 낱말이나 표현을 <u>잘못</u> 사용한 사람은 누구인지 쓰세요. (   )

재희 우리 지역을 홍보하는 신문을 만들어야 하는데 전지를 가져오지 못했어. 좋은 해결 <u>방안</u>이 없을까?

해인 걱정 마. 아주 좋은 <u>대안</u>이 있어! 종이 신문 대신 뉴스 영상을 만드는 거야!

세라 오! 너무 좋은 생각인데? 그 <u>방법</u>에 찬성.

우진 해인이의 반짝이는 아이디어! 이길 <u>방도</u>가 없다. 나도 찬성!

재희 그럼 영상 찍을 휴대폰 준비하고! 각자 우리 지역의 어떤 소식을 영상으로 찍을지 <u>가슴에 새겨</u> 보자.

낱말 확인하기

오늘 배운 낱말을 넣어 나만의 짧은 문장을 써 보세요.

내면화 :

대안 :

낱 말 이 해 하 기

9일차 복습 [내면화/대안] 낱말을 설명해 보세요.

19 | 대립 對立 　　　명사

의견이나 사정, 사물의 성질 등이 서로 반대되거나 맞지 않음

예 젊은 세대들과의 생각 차이로 인해 세대 간의 대립이 심하다.

20 | 대치 代置 　　　명사

다른 것으로 바꾸어 놓음

예 끝이 뾰족하면 위험할 수 있으니 다른 기둥으로 대치를 고민해 봅시다.

낱말넓히기

상반

서로 반대되거나 어긋남

예 내 생각은 너의 생각과 상반되는데 실패할수록 더 도전해야지.

충돌

서로 맞부딪치거나 맞섬

예 노래방에 가서 여가 시간을 즐기는 것에 대한 생각 차이가 커서 의견 충돌이 생겼다.

갈등

개인이나 집단 사이에 목표나 이해관계가 달라 서로 적대시하는 상태

예 뉴스를 보면 회사와 그 기업에서 일하는 사람들 간의 갈등이 심하다는 것을 알 수 있다.

대립

나도 덩더꿍 너도 덩더꿍

사람들이 서로 대립하여 조금도 양보하지 않고 버티고 있는 것을 나타냄

예 우리가 계속 이렇게 나도 덩더꿍 너도 덩더꿍 하고 있으면 감정싸움으로 번질 뿐이야. 누구든 먼저 양보하고 해결을 위해 마음을 열어야 해.

대립각을 세우다

의견이나 상황이 서로 반대되어 대립하고 있는 사태에서 사용하는 말

예 가만 있을 수 없다는 사람들과 일이 진행되는 상황을 조금 더 지켜보자는 사람들이 대립각을 세우며 예민해져 있다.

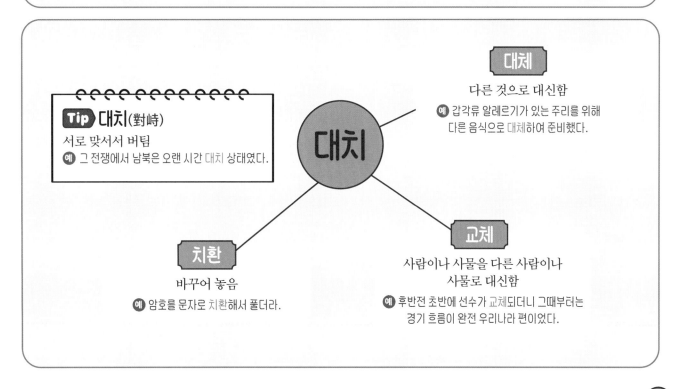

Tip 대치(對峙)

서로 맞서서 버팀

예 그 전쟁에서 남북은 오랜 시간 대치 상태였다.

대체

다른 것으로 대신함

예 갑각류 알레르기가 있는 주리를 위해 다른 음식으로 대체하여 준비했다.

대치

교체

사람이나 사물을 다른 사람이나 사물로 대신함

예 후반전 초반에 선수가 교체되더니 그때부터는 경기 흐름이 완전 우리나라 편이었다.

치환

바꾸어 놓음

예 암호를 문자로 치환해서 풀더라.

낱말과교과

※ 글을 읽으면서 모르는 낱말이 나오면 밑줄 긋고, 사전에서 뜻을 찾아 써 보세요.

국어 4학년 1학기
핵심 개념 | 낱말 사이의 관계

한 낱말이 다른 낱말을 포함하는 관계도 있고 뜻이 반대인 낱말 관계도 있습니다. '가다'와 '오다'는 대립되는 뜻을 가진 낱말이고 '책'과 '동화책'은 포함 관계에 있는 낱말입니다.

내 어휘 더하기		

사회 5학년 1학기
핵심 개념 | 권리와 의무

국민은 권리와 의무를 지닙니다. 「헌법」에 나타난 국민의 권리와 의무는 긴밀하게 연결되어 있는데 국민이 권리를 보장받는 것과 의무를 실천하는 것은 모두 중요합니다. 국민의 권리와 의무는 대립 관계에 놓여서는 안 되며 서로 조화를 이루어야 합니다.

내 어휘 더하기		

수학 4학년 2학기
핵심 개념 | 소수의 뺄셈

2.45에서 1.08을 뺀다고 했을 때 소수점끼리 맞추어 세로로 쓰고 같은 자릿수끼리 빼면 됩니다. 이때 같은 자릿수끼리 뺄 수 없는 상황이라면 2.45를 245라고 대치하고 1.08을 108이라고 대치해 놓고, 받아내림이 필요한 자리에서 받아내림을 하여 계산해 봅니다.

내 어휘 더하기		

과학 5학년 2학기
핵심 개념 | 산성 용액 식초

산성 용액인 구연산 용액으로 주방 싱크대를 소독하거나 물때를 제거할 수 있습니다. 가정에 구연산 용액이 없다면 식초로 대치하여 사용할 수 있습니다. 식초도 산성 용액이기 때문입니다.

내 어휘 더하기		

낱말익히기

1 다음 빈칸에 들어갈 알맞은 낱말을 초성을 이용해 쓰세요.

(1) 사회

환경을 보전하는 것을 중요한 가치로 두고 개발 제한 구역이 정해졌습니다. 그런데 개발 제한 구역의 땅 주인들이 개인의 기본권이 더 중요한 가치라고 주장하며 개발 제한 구역 내의 땅을 자유롭게 개발한다면 이는 국민의 권리와 의무가 ㄷ ㄹ 되는 것입니다.

(2) 과학

먹고 먹히는 관계에 놓여 있는 생물의 종류와 수가 균형을 이룰 때 생태계가 안정을 이룹니다. 가뭄, 홍수, 지진 등의 자연재해로 인해 어떤 생물의 수가 급작스럽게 줄어든다면 생태계의 균형은 깨지게 되며, 먹이 사슬과 먹이 그물 내에서 먹잇감이 ㄷ ㅊ 되어 생태계에 변화가 생깁니다.

(1) _____   (2) _____

2 다음 빈칸에 들어갈 알맞은 낱말을 <보기>에서 찾아 쓰세요(한 번씩만 쓸 수 있습니다).

<보기>   상반   충돌   갈등   대체   교체

(1) 스마트폰 사용 시간에 대한 생각 차이로 엄마와의 (   )이 깊어지고 있어.
(2) 자전거와 오토바이가 (   )하여 사고가 발생했어.
(3) 너는 인간이 본래 선하다고 주장했지만 내 생각과는 (   )되는 의견이야.
(4) 이쯤에서 아무래도 출전 선수를 (   )하는 게 더 좋겠어.

3 다음 대화의 빈칸에 공통으로 들어갈 낱말은 무엇인가요?

가온 단짝 친구인 너희가 오늘 오전 내내 _____ 상태였다니 믿을 수가 없어.
민희 다른 것으로 바꾸어 놓는 것이 뭐가 어렵다고 고집을 부리던지……
수희 결국엔 민희 말대로 하니까 나도 마음이 더 편해졌어. 물티슈 대신 손수건으로 _____! 포장 완료!

① 대립   ② 대치   ③ 갈등   ④ 상충   ⑤ 불만

낱말확인하기 오늘 배운 낱말을 넣어 나만의 짧은 문장을 써 보세요.

대립 :
∼∼

대치 :
∼∼

진짜? 가짜!

※ 낱말에 대한 설명이 알맞으면 ○표, 알맞지 않으면 ×표 하세요. (가짜 2개)

11 | 구분 ○

일정한 기준에 따라 전체를 몇 개로 나눔

12 | 구별

성질이나 종류에 따라 차이가 남
성질이나 종류에 따라 갈라놓음

13 | 구상

예술 작품을 만들 때, 작품이 될
내용이나 표현 형식 등을 정리함

14 | 구성

어떤 내용이 구체적인 사실로 나타나게 함

15 | 교류

문화나 사상 등이 서로 통함
사람들이 서로 다른 지역을 오고 가거나
물건, 문화, 기술 등을 주고받는 것

16 | 구현

몇 가지 부분이나 요소들을 모아서
일정한 전체를 짜 이룸

17 | 내면화

정신적·심리적으로 깊이 마음속에
자리 잡게 함

18 | 대안

어떤 일에 대처할 방법이나 계획

19 | 대립

의견이나 사정, 사물의 성질 등이 서로
반대되거나 맞지 않음

20 | 대치

다른 것으로 바꾸어 놓음

둘째마당 암호를 해독하라!

① 부분이나 요소가 어떤 전체를 짜 이룸  🔑 조

② 무엇인가를 마음속에 간직한다는 의미 🎙 습 에 묻 다

③ 잊지 않게 단단히 마음에 기억한다는 의미 가 슴 에 새 🔥 다

④ 어떤 일에 대처할 계획이나 수단 🚩 책

⑤ 의견이나 상황이 서로 반대되어 대립하고 있는 사태 대 립 각 을 세 💎 다

⑥ 계획을 세움. 또는 그 계획 🌐 계

⑦ 무엇을 만들어서 이룸 조 🏆

⑧ 중요한 일을 해냈을 때 쓰는 관용 표현 큰 🎓 을 치 다

⑨ 겉으로 나타나거나 눈에 띄게 함 표 🙂 화

⑩ 어떤 사물의 모양이나 상태를 이룸 🌱 성

---

(1) 🔑 💎 🎓 모 (九牛一毛)

→ _____

아홉 마리의 소 가운데 박힌 하나의 털이란 뜻
매우 많은 것 가운데 극히 적은 수를 이르는 말

---

(2) 🌱 🌐 지 공 (螢雪之功)

→ _____

반딧불, 눈과 함께 하는 노력이라는 뜻
고생을 하면서 부지런하고 꾸준하게 공부하는 자세를 이르는 말

---

(3) 사 🙂 초 🎙 (四面楚歌)

→ _____

아무에게도 도움을 받지 못하는, 외롭고 딱한 상황에 빠진
형편을 이르는 말

---

(4) 🚩 🔥 만 🏆 (大器晚成)

→ _____

큰 그릇을 만드는 데는 오랜 시간이 걸린다는 뜻
크게 될 사람은 늦게 이루어짐을 이르는 말

3주차

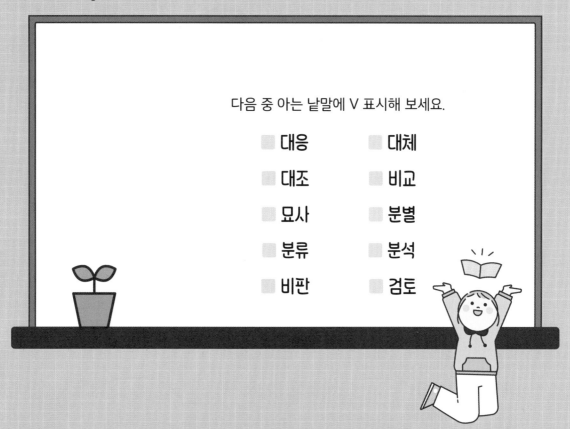

다음 중 아는 낱말에 V 표시해 보세요.

☐ 대응	☐ 대체
☐ 대조	☐ 비교
☐ 묘사	☐ 분별
☐ 분류	☐ 분석
☐ 비판	☐ 검토

낱말이해하기

10일차 복습 [대립/대치] 낱말을 설명해 보세요.

21 | 대응 對應　　명사

1 어떤 일이나 상황에 맞추어 태도나 행동을 취함

예 억울한 누명을 벗기 위해서는 법적 대응을 해야 한다.

2 어떤 두 대상이 주어진 관계에 의하여 서로 짝이 되는 것

예 꽃과 나비처럼 대응이 되는 말을 써 보라고 하여 실과 바늘이라고 적었다.

22 | 대체 代替　　명사

다른 것으로 대신함

예 석유 에너지의 대체 방안으로 새로운 에너지를 개발해야 합니다.

낱말 넓히기

상응
서로 응하거나 어울림
예 나는 나의 능력에 상응하는 대우를 원한다.

반응
자극에 대해 어떤 현상이 일어남
예 이번 영화는 특별히 사람들 반응이 뜨겁다.

대거리
① 상대편에게 맞서서 대듦
예 성훈이는 화가 났는지 소리를 지르며 대거리를 해댔다.
② 서로 상대의 행동이나 말에 응하여 행동이나 말을 주고받음
예 매번 상희가 과자를 사 주어서 대거리로 오늘은 내가 과자를 샀다.

대응

대처
어떤 상황이나 사건에 대하여 알맞은 대책을 취함
예 고학년 형들이 축구 골대를 비켜 달라고 하면 어떻게 대처해야 할지 고민이 된다.

임기응변
(臨機應變 그때그때 처한 사태에 맞추어 바로 그 자리에서 결정하거나 처리함)
예 궁지에 몰리면 늘 임기응변으로 위기를 넘기는 오빠가 얄미울 때가 있다.

대신
① 어떤 대상의 자리나 책임을 바꾸어서 새로 맡음
예 나에게는 선생님이 부모님 대신이다.
② 앞말이 나타내는 행동이나 상태와 다르거나 그와 반대임을 나타내는 말
예 운동을 잘하는 대신 노래는 못 부른다.
③ 앞말이 나타내는 행동이나 일 등에 어울리는 대가임을 나타내는 말
예 신발 정리를 해 주는 대신 용돈을 줄게.

대체

대용
대신하여 다른 것을 씀
예 이 식탁은 가족용 책상 대용으로도 사용해.

갈음
다른 것으로 바꾸어 대신함
예 이번 회의는 회의실에서 만나지 않고 각자 편한 장소에서 화상 회의로 갈음합시다.

꿩 대신 닭
적당한 것이 없을 때 그와 비슷한 것으로 대신하는 경우를 이르는 말
예 스마트폰 대신 게임팩을 사 주셨는데 꿩 대신 닭이었지만 그것도 감사한 일이었다.

낱말과교과

※ 글을 읽으면서 모르는 낱말이 나오면 밑줄 긋고, 사전에서 뜻을 찾아 써 보세요.

사회 5학년 2학기

핵심 개념 고려의 도읍 이전

몽골의 침입과 무리한 요구가 계속되자 고려는 도읍을 개경에서 강화도로 옮기며 대응했습니다. 강화도는 바다 전투에 약한 몽골군이 침입하기에 어려운 곳이라고 생각했기 때문입니다.

내 어휘 더하기		

도덕 5학년 1학기

핵심 개념 사이버 범죄 대응

디지털 매체 활용이 증가함에 따라 사이버 범죄도 증가하고 있습니다. 사이버 명예 훼손 등 다양한 사이버 범죄에 대하여 강력 처벌로 대응하자는 의견이 있습니다. 우리 모두 아름다운 디지털 세상을 만들기 위해 적극적으로 노력해야 합니다.

내 어휘 더하기		

과학 6학년 2학기

핵심 개념 에너지의 형태

전기 기구를 작동하는 데 필요한 에너지는 전기 에너지입니다. 낮 동안의 태양 빛을 모아 전기 에너지로 바꾸어 사용함으로써 전기 에너지를 대체하는 주택이 등장하고 있습니다. 이 외에도 에너지를 효율적으로 이용하기 위한 다양한 방법을 모색 중입니다.

내 어휘 더하기		

사회 6학년 2학기

핵심 개념 다회용품 사용

배달 음식과 택배 배송이 늘어남에 따라 각종 포장 용기 사용이 증가하였고 그냥 버려지는 쓰레기도 늘어나고 있습니다. 일회용품을 대체할 친환경 포장 용기를 개발하고, 다회용품 사용에 대한 캠페인을 통해 환경을 오염시키는 쓰레기 배출량을 줄여야 합니다.

내 어휘 더하기		

낱말익히기

1 다음 빈칸에 들어갈 알맞은 낱말을 초성을 이용해 쓰세요.

(1) 수학

모양과 크기가 같아서 포개었을 때 완전히 겹치는 두 도형을 서로 합동이라고 합니다. 합동인 두 도형에서 완전하게 겹쳐지는 점을 ㄷ ㅇ 점, 변을 ㄷ ㅇ 변, 각을 ㄷ ㅇ 각이라고 합니다.

(2) 사회+과학 융합

인공지능이 발달함에 따라 사람과 바둑을 두는 로봇을 비롯하여 사람을 치료하는 의료 분야에도 인공지능 의사가 등장하기에 이르렀습니다. AI의 발달로 현재 사람이 하고 있는 일의 많은 부분을 로봇으로 ㄷ ㅊ 할 시대가 머지 않았습니다.

(1) ＿＿＿＿＿＿＿＿＿＿＿　　　　　(2) ＿＿＿＿＿＿＿＿＿＿＿

2 다음 문장을 읽고, 괄호 안에서 알맞은 낱말을 골라 ○표 하세요.

(1) 시험에서 100점을 맞은 소식에도 (상응 / 반응)이 없었다.

(2) 아직 미성숙하기 때문에 (대처 / 대체)하기 어려웠을 거야.

(3) 학급 회장 선거에 나가는 것을 (대응 / 대신)하여 학급 체육 부장이 되겠다.

(4) 이번 생일 선물은 크리스마스 선물로 (갈음 / 가름)하고자 해.

3 다음 대화의 빈칸에 들어갈 사자성어로 알맞은 것은 무엇인가요?

재아　오늘이 무슨 날인지 아는 사람?

수철　오늘? 수요일이잖아. 맛있는 급식이 나오는 날이지!

재아　내가 어제 말했던 거 잊어버렸어? 오늘…….

수철　생! 일! 무슨 소리야. 당연히 알고 있었지! 맛있는 급식이라고 말했던 건 오늘 미역국이 나오기 때문이야. 재아야, 생일 축하해! 너를 위한 급식 메뉴다!

재아　너의 ＿＿＿＿＿＿에 내가 또 속아 넘어가는 것 같은데…….

① 조삼모사　　② 부화뇌동　　③ 임기응변　　④ 일취월장　　⑤ 도긴개긴

낱말확인하기

오늘 배운 낱말을 넣어 나만의 짧은 문장을 써 보세요.

대응 :

대체 :

낱말 이해하기

11일차 복습 [대응/대체] 낱말을 설명해 보세요.

23 | 대조 對照 　명사

1 둘 이상을 비교해서 같고 다름을 따짐

　예 그 사람이 맞는지 신분증 대조가 필요하다.

2 서로 달라서 비교가 됨

　예 쌍둥이지만 보현이와 소현이는 성격이 대조가 된다.

24 | 비교 比較 　명사

둘 이상을 견주어 서로 간의 비슷한 점과 차이점 등을 생각하는 것

　예 부모님이 자식을 사랑하는 마음은 그 무엇과도 비교가 어렵다.

낱말넓히기

대비
두 가지의 차이를 밝히기 위하여
서로 비교함
예 우리 학교 학생 전체의 노력으로 급식실 음식물 쓰레기
배출량이 전년도 대비 크게 줄었습니다.

참조
참고로 비교해 살펴봄
예 책에서 조사한 사진과 화단에서 찍은 꽃 사진을
참조하여 수행 평가 보고서를 작성했다.

대조

비교
둘 이상을 견주어 서로 간의
비슷한 점과 차이점 등을 생각하는 것
예 이미 키가 훌쩍 커 버린 수안이는
비교 대상이 아니었다.

조사
어떤 내용을 정확히 알기 위해
자세히 살펴보거나 찾아봄
예 누구 말이 맞는지 차근차근
조사해 보아야 한다.

비유
어떤 현상이나 사물을 직접 설명하지
아니하고 다른 것에 빗대어서
설명하는 일
예 우리 선생님은 수업을 재미있게 하시는데
비유를 들어 설명해 주실 때가 많아.

견주다
둘 이상의 사물을 어떠한 차이가 있는지
알기 위하여 서로 대어 보다.
예 도현이와 나는 피아노 연주 실력을 견주어 보기 위해
평가해 줄 친구들을 불렀다.

비교

도토리 키 재기
비슷비슷하여 견주어 볼 필요가 없는 상황에서
사용하는 말
예 친구들은 만나기만 하면 누가 더 달리기를 잘하는지
도토리 키 재기를 하느라 시끄럽다.

난형난제
(難兄難弟 누구를 형이라 하고 누구를
아우라 하기 어려움)
두 사물이나 사람이 비슷하여 더 나은 것을
정하기 어려운 상황에서 사용하는 말
예 드디어 결승전에서 만나게 된 시훈이와 민규는
난형난제의 실력이다.

낱말과 교과

※ 글을 읽으면서 모르는 낱말이 나오면 밑줄 긋고, 사전에서 뜻을 찾아 써 보세요.

국어 5학년 1학기
〔핵심 개념〕 여러 가지 설명 방법 알기

두 가지 이상의 대상에서 공통점과 차이점을 찾아 설명하면 대상을 보다 효과적으로 설명할 수 있습니다. 예를 들어 다보탑과 석가탑에 대해 설명한다고 가정하면, 두 탑을 대조하는 방법으로 글을 전개합니다.

내 어휘 더하기		

국어 6학년 2학기
〔핵심 개념〕 자료 확인

자료를 수집하여 글을 쓸 때 주의할 점은 자료의 사실 여부를 확인하는 것입니다. 요즘 인터넷을 통해 수집할 수 있는 정보 중에는 가짜 정보도 많이 있습니다. 그러므로 다양한 경로로 찾아서 수집한 자료를 서로 대조해 봄으로써 사실 여부를 확인한 후 사용하면 좋습니다.

내 어휘 더하기		

과학 5학년 1학기
〔핵심 개념〕 용액의 진하기 비교

용액의 진하기를 측정하는 기구는 진하기를 숫자로 표시하거나 일정한 간격의 눈금으로 나타냅니다. 용액의 진하기를 비교하는 기구를 직접 만들 때는 두 용액의 진하기에 따라 기구가 각 용액에서 뜨는 높이가 달라지는 원리를 이용하여 만듭니다.

내 어휘 더하기		

과학 6학년 2학기
〔핵심 개념〕 전자석과 영구 자석

전자석과 영구 자석을 비교해 정리하면 두 자석 모두 두 개의 극이 나타나며, 전자석의 경우는 전기가 흐를 때 자석의 성질이 나타난다는 점을 정리할 수 있습니다. 전자석은 자석의 세기를 조절할 수 있으며 영구 자석은 자석의 세기가 변하지 않습니다.

내 어휘 더하기		

낱말익히기

1 다음 빈칸에 들어갈 알맞은 낱말을 초성을 이용해 쓰세요.

(1) 사회+과학 융합

　　과제를 하기 위해 온라인상에서 무분별하게 사진과 글을 베껴 사용하면 이는 저작권을 침해하는 것입니다. 과학 기술의 발달로 디지털 매체 안에서 다른 사람의 저작물을 쉽게 참고할 수 있게 되었지만, 그와 동시에 원문과 ⎡ ㄷ ㅈ ⎤ 작업을 해 주는 프로그램도 개발되고 있어서 표절 여부가 금방 드러나기도 합니다.

(2) 과학

　　한해살이 식물과 여러해살이 식물을 ⎡ ㅂ ㄱ ⎤ 하면 공통점으로 열매 속에 씨가 있다는 점을 들 수 있습니다. 한해살이 식물과 여러해살이 식물 모두 씨에서 싹이 자라 꽃이 피고 열매를 맺는 과정으로 한살이 과정이 이루어집니다.

(1) _____　　　　　(2) _____

2 다음 문장의 빈칸에 들어갈 알맞은 낱말을 찾아 선으로 이으세요.

(1) 일반 종이와 화선지를 맞대어 놓고 보면 일반 종이 _____ 질감에 차이가 있다. •　　• ㉠ 참조

(2) 전시된 작품들을 _____해 보고 각 작품의 느낌을 정리하세요. •　　• ㉡ 조사

(3) 화면의 사진을 _____해 주시기 바랍니다. •　　• ㉢ 비교

(4) 도난 사건을 해결하기 위해서는 어쩔 수 없이 모든 친구를 _____해야 한다. •　　• ㉣ 대비

3 다음 대화 내용과 어울리지 <u>않는</u> 표현은 무엇인가요?

규현 나 어제 2단계까지 올라갔잖아. 직접 해 보니까 쉽더라!
가희 나도 2단계야. 근데 그다음 3단계까지 올라가기는 어렵대.
상철 난 2단계 첫 번째 맵은 지났어. 두 번째 맵 진입 직전!
규현 상철아, 나도 첫 번째 맵은 달성했지. 난 세 번째 맵이란다.
가희 우리 모두 결국 2단계라는 소리네.

① 오십보백보　　② 난형난제　　③ 도긴개긴　　④ 조삼모사　　⑤ 도토리 키 재기

낱말확인하기 오늘 배운 낱말을 넣어 나만의 짧은 문장을 써 보세요.

대조 :

비교 :

낱말이해하기

12일차 복습 [대조/비교] 낱말을 설명해 보세요.

25 | 묘사 描寫 　　　　　　　　　　　　　　　　명사

어떤 대상이나 사물, 현상을 언어로 나타내거나 그림을 그려서 표현함

예 역전 골이 들어가던 상황 묘사가 듣고 싶어.

26 | 분별 分別 　　　　　　　　　　　　　　　　명사

❶ **서로 다른 것을 구별해 나눔**

　예 신분의 분별이 있었던 조선 시대에는 태어난 환경에 따라 차별이 있었다.

❷ **세상 물정에 대한 바른 생각이나 판단**

　예 이럴 땐 이렇게 행동하는 것이 분별 있는 행동이야.

❸ **어떤 일에 대하여 배려하여 마련함**

　예 나윤이의 분별로 우리는 조용한 방을 쓸 수 있었다.

낱말넓히기

묘사

서술
사건이나 생각 등을 순서대로
말하거나 적음
예 오늘 있었던 일을 서술해 보아라.

표현
생각이나 느낌 등을 언어나 몸짓으로
드러내어 나타냄
예 지훈이는 무뚝뚝한 성격이라 아무래도 감정을
표현하는 데 서투른 부분이 있다.

형용
❶ 사물의 생긴 모양
예 채은이의 작품은 신발 형용을 한
미니 유람선이었다.
❷ 사람의 생김새나 모습
예 꿈에 그려 왔던 엄마의 형용과 똑같았다.
❸ 말이나 글, 몸짓으로 사물이나 사람의
모양을 나타냄
예 너무 예쁜 꽃이라 형용할 수 없을 정도다.

기술
대상이나 과정의 내용과 특징을
있는 그대로 기록해 서술함
예 이 사건을 기술한 보고서입니다.

분별

인식
사물을 구별하고 판단해 앎
예 자원봉사에 대한 인식이 부족하다.

구별
성질이나 종류에 따라 갈라놓음
예 공적인 일과 사적인 일을 잘 구별해서
행동하세요.

변별
❶ 사물의 옳고 그름이나
좋고 나쁨을 가림
예 구운 도자기를 잘 변별하여
일부 도자기는 버려야 한다.
❷ 세상에 대한 경험이나 지식에서
나오는 생각이나 판단
예 의학적으로 이 사람은 사물을 변별하는
능력이 없는 것으로 판단된다.

이해
❶ 일의 이치를 구별해 해석함
예 전공 교수님은 문학에 대한
이해가 높은 분입니다.
❷ 깨달아 앎. 잘 알아서 받아들임
예 지금 생각해 보면 선생님 말씀이
충분히 이해가 된다.
❸ 남의 사정을 짐작해 너그럽게
받아들임
예 용서하시고 이해해 주시길 바랍니다.

숙맥불변
(菽麥不辨 콩인지 보리인지를 구별하지 못함)
사리 분별을 못 하고 세상 물정을 잘 모를 때
사용하는 말
예 지금이 어느 시대인데! 너는 정말 숙맥불변이구나.

낱말과교과

※ 글을 읽으면서 모르는 낱말이 나오면 밑줄 긋고, 사전에서 뜻을 찾아 써 보세요.

과학 4학년 1학기
핵심 개념 식물의 씨

돋보기로 씨의 모양과 색깔을 관찰하여 이를 그림이나 글로 묘사해 봅시다. 씨를 손으로 만졌을 때의 느낌이 그림이나 글에 드러나도록 묘사하면 더욱 좋습니다. 예를 들어 수박씨를 관찰했다면, 수박씨는 납작한 물방울 모양이며 검은색이고 매끄럽고 단단한 느낌이라고 적을 수 있습니다.

내 어휘 더하기		

미술 6학년 1학기
핵심 개념 정밀하게 묘사하기

관찰한 사물이나 사람을 세밀하게 그림으로 표현하는 것을 정밀 묘사라고 합니다. 책상 위에 물체를 놓고 자세하게 관찰한 후 입체감을 살려 묘사합니다. 그리기 재료로 연필 하나만 사용하더라도 진하기 표현을 어떻게 하느냐에 따라 입체감을 충분히 살릴 수 있습니다.

내 어휘 더하기		

사회 5학년 1학기
핵심 개념 도덕과 법

도덕은 강제성이 없으며 개인의 양심에 따라 자율적으로 지키는 것입니다. 그에 반해 법은 강제성을 가지고 있으며 사회 구성원이라면 누구나 지켜야 합니다. 사회 구성원들끼리 갈등 상황에 놓이게 되면 법에 근거하여 상황을 분별하고 법적 절차에 따라 갈등을 해결하기도 합니다.

내 어휘 더하기		

국어 6학년 1학기
핵심 개념 주장과 근거

주장하는 글을 쓸 때는 주장에 알맞은 근거를 써 주어야 합니다. 근거는 주장과 관련되는 것으로 준비해야 하며 주장을 뒷받침할 수 있어야 합니다. 또한 근거 자료로 제시하는 내용이 신뢰성을 갖춘 자료인지 분별하여 제시해야 합니다.

내 어휘 더하기		

낱말익히기

1 다음 빈칸에 들어갈 알맞은 낱말을 초성을 이용해 쓰세요.

(1) 과학

회강암은 전체적으로 밝은색을 띠고 있습니다. 화강암의 알갱이는 큰 편으로 맨눈으로 구별할 수 있는데 이것은 밝은색 알갱이와 어두운색 알갱이가 섞여 있고 반짝이는 알갱이가 보이는 것으로 ㅁ ㅅ 할 수 있습니다.

(2) 도덕+사회 융합

학교 폭력을 예방하기 위해 학교와 사회에서 여러 가지 노력을 하고 있습니다. 학교 폭력의 피해로 어려움을 겪고 있을 때에는 117 번호로 연락해 적극적으로 도움을 요청합니다. 그러나 ㅂ ㅂ 없이 아무때나 신고 전화를 하는 것보다 상대방을 존중하고 배려하는 학교생활을 먼저 실천하는 것이 학교 폭력 예방에 있어 가장 중요합니다.

(1) _____   (2) _____

2 다음 낱말의 알맞은 뜻을 찾아 선으로 이으세요.

(1) 서술 •   • ㉠ 남의 사정을 짐작해 너그럽게 받아들임

(2) 형용 •   • ㉡ 사건이 생각 등을 순서대로 말하거나 적음

(3) 인식 •   • ㉢ 말이나 글, 몸짓으로 사물이나 사람의 모양을 나타냄

(4) 이해 •   • ㉣ 사물을 구별하고 판단해 앎

3 다음 대화 내용에 어울리는 낱말은 무엇인가요?

가연 이 사람은 동그란 얼굴이며 피부가 하얀 편입니다.
수희 또 금색 테로 된 안경을 썼습니다.
미희 그리고 눈썹에 숱이 많은 편인데 오른쪽 눈썹 끝이 살짝 더 올라갔습니다.
유라 마지막으로 속눈썹이 긴 편이고 오른쪽 귓불에 아주 작은 점이 두 개 있습니다.

① 묘사   ② 측정   ③ 구별   ④ 분류   ⑤ 어림

낱말확인하기
오늘 배운 낱말을 넣어 나만의 짧은 문장을 써 보세요.

묘사 :
\\

분별 :
\\

낱말이해하기

13일차 복습 [묘사/분별] 낱말을 설명해 보세요.

27 | 분류 分類

명사

종류에 따라서 나눔

예 교통사고의 유형별 분류를 알아봅시다.

28 | 분석 分析

명사

얽혀 있거나 복잡한 것을 풀어서 개별적인 요소나 성질로 나눔

예 청소기가 왜 갑자기 멈췄는지 고장 원인 분석이 필요합니다.

낱 말 넓 히 기

구별
성질이나 종류에 따라 갈라놓음
예 선한 사람과 악한 사람을 뚜렷하게 구별해
낼 수 있을지 고민이다.

구분
일정한 기준에 따라 전체를
몇 개로 갈라 나눔
예 우리나라의 계절은 봄, 여름, 가을, 겨울로
구분합니다.

갈래
❶ 하나에서 둘 이상으로 갈라져 나간
하나하나의 부분이나 계통
예 문학은 시, 소설 등의 갈래가 있다.
❷ 갈라진 하나하나를 세는 단위
예 그 만화 주인공은 두 갈래로 땋은
머리를 하고 있다.

분류

Tip 계통 vs. 부문
분류의 결과 구분되는 부분이나 조직
계통: 일정한 체계에 따라 관련 있는 부분들의
통일적 조직
토론: 일정한 기준에 따라 나누어 놓은 하나하나
의 범위나 부분

해석
사물을 자세히 풀어서 논리적으로 밝힘
예 아버지께서 회사를 정리하신 것에 대해
사람들은 건강상의 문제라고 해석했다.

검토
어떤 사실이나 내용을 분석하여 따짐
예 즉흥적으로 결정을 내릴 수 있는 문제가
아니기 때문에 면밀하게 검토 후 발표하겠다.

분석

지피지기 백전백승
(知彼知己 百戰百勝)
상대를 자세히 알고 나를 자세히 알면
백 번 싸워도 백 번 이긴다는 의미

종합
여러 가지를 한데 모아서 합함
예 지금까지의 결과를 종합해 보면
너는 충분히 재능이 있는 사람이다.

낱말과교과

※ 글을 읽으면서 모르는 낱말이 나오면 밑줄 긋고, 사전에서 뜻을 찾아 써 보세요.

수학 4학년 2학기 　　　　　　　　　　　　　　　　　　　　　　　**핵심 개념** 삼각형의 분류

삼각형은 각의 크기에 따라 예각삼각형, 직각삼각형, 둔각삼각형으로 분류합니다. 또, 세 변의 길이가 같은 경우에는 정삼각형, 두 변의 길이가 같은 경우에는 이등변삼각형이라고 부릅니다.

내 어휘 더하기		

과학 5학년 2학기 　　　　　　　　　　　　　　　　　　　　　　**핵심 개념** 지시약에 의한 용액 분류

지시약을 용액에 넣었을 때 용액의 색깔 변화로 그 용액의 성질을 확인할 수 있습니다. 리트머스 종이는 지시약의 예입니다. 리트머스 종이의 색깔 변화를 분류 기준으로 삼았을 때 붉은색 리트머스 종이를 푸른색으로 변하게 하는 용액은 소다 용액과 비눗물로, 이를 염기성 용액이라고 합니다.

내 어휘 더하기		

사회 4학년 1학기 　　　　　　　　　　　　　　　　　　　　　　　**핵심 개념** 지역 문제 분석하기

지역 신문에서 우리 지역의 쓰레기 배출량 기사를 보았습니다. 쓰레기 배출 그래프가 증가하고 있었고, 길가에 버려진 쓰레기로 인해 마을에서 냄새가 발생하거나 불편을 겪고 있는 주민의 인터뷰가 있었습니다. 이를 통해 우리 지역 쓰레기 문제가 심각하다고 분석할 수 있었고, 이를 해결하기 위한 노력이 절실히 필요하다는 것을 깨달았습니다.

내 어휘 더하기		

수학 5학년 2학기 　　　　　　　　　　　　　　　　　　　　　　　**핵심 개념** 조사한 자료 분석하기

시언이네 학급 친구들이 하루에 스마트폰을 얼마나 사용하는지 조사해 보았습니다. 20명의 답변을 정리하고 평균을 계산하여 분석해 보았습니다. 시언이네 학급 친구들은 1일 평균 2시간 스마트폰을 사용하고 있다는 것을 알 수 있었습니다. 시언이는 평균보다 조금 적게 사용하고 있습니다.

내 어휘 더하기		

낱말익히기

1 다음 빈칸에 들어갈 알맞은 낱말을 초성을 이용해 쓰세요.

(1) 과학

　　식물의 잎은 잎몸, 잎자루 등으로 되어 있으며 잎몸에는 잎맥이 나타납니다. 여러 식물의 잎을 모아 놓고 잎 가장자리 모양과 잎맥 모양 등을 기준으로 [ㅂ ㄹ] 해 보면 잎을 무리 지을 수 있다는 것을 알게 됩니다.

(2) 체육+과학 융합

　　스포츠 선수들이 모여 경기를 하고 있는 곳에 가 보면 감독을 비롯하여 다양한 사람이 한 팀을 이루어서 움직인다는 것을 알 수 있습니다. 선수들의 운동 경기를 녹화하고 이를 면밀히 [ㅂ ㅅ] 하여 전략을 세우는 데에 도움을 주는 역할을 하는 사람들도 있습니다.

　　　　　(1) _____　　　　　　(2) _____

2 다음 빈칸에 들어갈 알맞은 낱말을 <보기>에서 찾아 쓰세요(한 번씩만 쓸 수 있습니다).

<보기>　　**종합　　계통　　구분　　부문　　해석**

(1) 퇴적암은 암석을 이루는 알갱이의 크기에 따라 역암, 사암, 이암으로 (　　　　　　　)할 수 있다고 배웠어.

(2) 우리 삼촌은 건축 (　　　　　　)의 일을 하는데 만족감이 크시대.

(3) 내가 아무리 달리기를 잘한다고 해도 장거리 (　　　　　　)에서는 수호가 변함없이 1등이야.

(4) 이해가 되지 않아서 다른 사람의 (　　　　　　)을 참고하려고 해.

3 다음 대화의 빈칸에 공통으로 들어갈 낱말은 무엇인가요?

　　유찬 이제부터 어디로 갈지 정해야 해. 여러 _____ 길이 나왔어.
　　경은 가장 나중에 진화한 캐릭터가 있는 저 길! 저 길로 가 보자!
　　현철 이 캐릭터들은 결국 가장 위에 있는 저 캐릭터에서 나온 _____인데 같이 모여 있으니 귀엽네.
　　유찬 잘 따라오고 있지? 이번 게임에서는 우리 팀이 이길 것 같은 느낌이야.

　　① 지름　　　　　② 갈래　　　　　③ 도로　　　　　④ 분류　　　　　⑤ 가름

낱말확인하기
오늘 배운 낱말을 넣어 나만의 짧은 문장을 써 보세요.

분류 :

분석 :

낱말이해하기

14일차 복습 [분류/분석] 낱말을 설명해 보세요.

29 | 비판 批判

명사

옳고 그름을 판단하여 밝히거나 잘못된 점을 지적함

예 전쟁을 시작한 나라에 대한 비판 여론이 많습니다.

30 | 검토 檢討

명사

어떤 사실이나 내용을 분석하여 따짐

예 학급 티셔츠에 인쇄할 그림 공모전 결과를 검토 중이니 조금만 기다려 주시기 바랍니다.

낱말넓히기

비판

비난
남의 잘못이나 결점을 나무라며 나쁘게 말함
예 내가 동생을 못 본 척하고 지나간 것은 비난을 받아도 마땅하다.

비평
옳고 그름, 아름다움과 추함 등을 분석하여 가치를 따져 말함
예 그는 평론가답게 내 작품에 대하여 비평을 시작했다.

논평
어떤 글이나 말 또는 사건 등에 대하여 논하여 비평함
예 새로운 교육 정책들이 쏟아지고 있는 가운데 작은 섬에서 근무하고 있는 어느 초등 교사의 논평은 여러 가지를 시사해 준다.

판단
사물을 인식하여 논리나 기준 등에 따라 판정을 내림
예 갑자기 화재가 난다면 상황을 잘 판단하여 안전하게 대피해야 한다.

평가
사물의 가치나 수준을 헤아려 정함
예 내가 쓴 시가 어떤 평가를 받을지 궁금하다.

검토

검사
사실이나 일의 상태 또는 물질의 구성 성분 등을 조사하여 옳고 그름과 낫고 못함을 판단하는 일
예 2교시에는 수학 숙제 검사가 있습니다.

검열
어떤 행위나 일 등을 살펴 조사하는 일
예 아직도 우리 아빠는 내가 하는 일을 검열하신다니까.

조사
내용을 확실하게 알기 위하여 자세히 살펴보거나 찾아봄
예 가정을 방문하여 아동학대 여부에 대해 조사할 예정입니다.

점검
낱낱이 검사함
예 교실 공기청정기 점검이 있을 예정입니다.

돌다리도 두들겨 보고 건너라
잘 아는 일이라도 꼼꼼하게 주의를 기울여 다시 한번 확인해 보라는 의미
예 자신 있는 업무겠지만 돌다리도 두들겨 보고 건너라는 말처럼 다시 한번 검토해 주기 바랄게.

낱말과 교과

※ 글을 읽으면서 모르는 낱말이 나오면 밑줄 긋고, 사전에서 뜻을 찾아 써 보세요.

국어 4학년 2학기
핵심 개념 대화 예절

여러 사람이 함께 있는 공간에서 큰 목소리로 대화하거나, 듣는 사람의 기분을 고려하지 않고 자기 말만 하는 사람들은 여러 사람으로부터 비판의 대상이 될 수 있습니다. 다른 사람과 대화할 때에는 상대를 응시하며 고운 말을 사용하고, 상대방의 기분을 고려하여 시간이나 장소에 맞게 말해야 합니다.

내 어휘 더하기		

국어 5학년 2학기
핵심 개념 비판하며 읽기

글을 읽을 때는 글쓴이의 선입견이 드러난 부분이 없는지, 실제 내용에 비해 과장한 내용은 없는지, 잘못 해석하여 왜곡된 것이 없는지를 파악하면서 읽습니다. 현상이나 사물의 옳고 그름을 비판하며 읽으면 글을 깊이 있게 이해하는 데 도움이 됩니다.

내 어휘 더하기		

국어 5학년 2학기
핵심 개념 의견 조정하기

자신의 의견을 조정하는 과정은 자신이 생각했던 의견에 문제점이 있는지를 파악해 보는 것에서부터 출발합니다. 자신의 의견을 실천했을 때 새로 발생할 수 있는 문제의 결과를 예측해 보고 검토를 거쳐 의견을 조정합니다.

내 어휘 더하기		

과학 6학년 2학기
핵심 개념 에너지의 효율적 활용

교실은 학습하기에 좋은 환경을 조성하기 위해 낮에도 천장 불을 환하게 켜고 수업을 하는 경우가 많습니다. 학교에서 에너지를 더욱 효율적으로 활용하기 위해서 모둠별로 학교 건물 설계하기 활동을 통해 다양한 의견을 나눈 후 충분히 검토하여 최종 설계안을 결정합니다.

내 어휘 더하기		

낱말익히기

1 다음 빈칸에 들어갈 알맞은 낱말을 초성을 이용해 쓰세요.

(1) 도덕+과학 융합

현재 온라인에는 다양한 영상물들이 업로드되고 있으며 이를 통하여 상업적으로 이익을 얻는 사람들도 많이 늘어나고 있습니다. 누구나 쉽게 영상물을 창작하고 게시할 수 있는 만큼 아동 학대, 동물 학대 등 자극적인 소재로 이익을 취하는 사람들에 대한 ㅂ ㅍ 의식이 필요한 때입니다.

(2) 사회

학교 주변에서 어린이들의 교통사고가 증가하여 대책이 필요하다는 여론이 늘어나면 국회 의원이 법을 만들자는 제안을 하게 됩니다. 국회에서는 법안을 충분히 ㄱ ㅌ 하고 심사하는 과정을 거칩니다.

(1) _____ (2) _____

2 다음 문장을 읽고, 괄호 안에서 알맞은 낱말을 골라 ○표 하세요.

(1) 같이 놀던 친구가 넘어졌는데 도와주지 않고 휙 가 버린 우진이는 (비난 / 비평)을 받았다.
(2) 내일 리듬 체조 발표회에서 너의 실력을 (논평 / 평가)하겠다.
(3) 교실 선풍기가 고장이 나서 (검열 / 점검)이 필요한 상태이다.
(4) 음악 시간에 무슨 일이 있었는지 (검사 / 조사)하여 피해자를 파악하겠다.

3 다음 대화에서 서진이에게 해 줄 수 있는 말은 무엇인가요?

> **서진** 덧셈 연산은 쉽지!
> **주희** 이번에 나가는 소수는 조금 어렵지 않아?
> **서진** 소수점에 유의해서 자연수의 덧셈이랑 비슷하게 계산하면 되니까 쉬워.
> **지용** 서진아, 선생님께서 단원 평가 학습지 나누어 주신대.
> **서진** 악! 맙소사. 나 소수의 덧셈 문제 5개나 틀렸어.

① 식은 죽 먹기　　　　② 티끌 모아 태산　　　　③ 가는 날이 장날
④ 같은 값이면 다홍치마　　⑤ 돌다리도 두들겨 보고 건너라

낱말확인하기 오늘 배운 낱말을 넣어 나만의 짧은 문장을 써 보세요.

비판 :

검토 :

진짜? 가짜!

※ 낱말에 대한 설명이 알맞으면 ○표, 알맞지 않으면 ×표 하세요. (가짜 3개)

---

21 | 대응 ✏️ ○

어떤 일이나 상황에 맞추어 태도나 행동을 취함. 어떤 두 대상이 주어진 관계에 의하여 서로 짝이 되는 것

22 | 대체

다른 것으로 대신함

---

23 | 대조

둘 이상을 비교해서 같고 다름을 따짐 서로 달라서 비교가 됨

24 | 비교

둘 이상을 견주어 서로 간의 비슷한 점과 차이점 등을 생각하는 것

---

25 | 묘사

어떤 대상이나 사물, 현상을 언어로 나타내거나 그림을 그려서 표현함

26 | 분별

서로 다른 것을 구별해 나눔 세상 물정에 대한 바른 생각이나 판단 어떤 일에 대하여 배려하여 마련함

---

27 | 분류

얽혀 있거나 복잡한 것을 풀어서 개별적인 요소나 성질로 나눔

28 | 분석

어떤 사실이나 내용을 분석하여 따짐

---

29 | 비판

옳고 그름을 판단하여 밝히거나 잘못된 점을 지적함

30 | 검토

종류에 따라서 가름

가로 열쇠

㉠ 그때그때 처한 사태에 맞추어 바로 그 자리에서 결정하거나 처리함

㉡ 참고로 비교해 살펴봄

㉢ 두 가지의 차이를 밝히기 위하여 서로 비교함

㉣ 낱낱이 검사함

㉤ 다른 것으로 바꾸어 대신함

㉥ 남의 사정을 짐작해 너그럽게 받아들임

㉦ 누구를 형이라 하고 누구를 아우라 하기 어려움

㉧ 어떤 글이나 말 또는 사건 등에 대하여 논하여 비평함

㉨ 서로 상대의 행동이나 말에 응하여 행동이나 말을 주고받음

세로 열쇠

① 대상이나 과정의 내용과 특징을 있는 그대로 기록해 서술함

② 자극에 대해 어떤 현상이 일어남

③ 어떤 대상의 자리나 책임을 바꾸어서 새로 맡음

④ 어떤 내용을 정확히 알기 위해 자세히 살펴보거나 찾아봄

⑤ 사실이나 일의 상태 또는 물질의 구성 성분 등을 조사하여 옳고 그름과 낫고 못함을 판단하는 일

⑥ 사물을 자세히 풀어서 논리적으로 밝힘

⑦ 남의 잘못이나 결점을 나무라며 나쁘게 말함

⑧ 사물의 생긴 모양

⑨ 하나에서 둘 이상으로 갈라져 나간 하나하나의 부분이나 계통

⑩ 사물의 가치나 수준을 헤아려 정함

⑪ 어떤 상황이나 사건에 대하여 알맞은 대책을 취함

4주차

다음 중 아는 낱말에 V 표시해 보세요.

- [ ] 밀접
- [ ] 보존
- [ ] 상용
- [ ] 수요
- [ ] 신념
- [ ] 영향
- [ ] 보편적
- [ ] 실용적
- [ ] 수용
- [ ] 의도

낱말이해하기

15일차 복습 [비판/검토] 낱말을 설명해 보세요.

31 | 밀접 密接

명사

아주 가깝게 맞닿아 있음

예 감염병에 대한 밀접 접촉자 격리 기준이 바뀌었다.

32 | 영향 影響

명사

어떤 것의 효과가 다른 것에 미치는 일

예 글씨를 예쁘게 쓰는 윤호와 편지를 주고받으며 나도 영향을 받아 글씨를 예쁘게 쓰려고 노력 중이다.

낱말넓히기

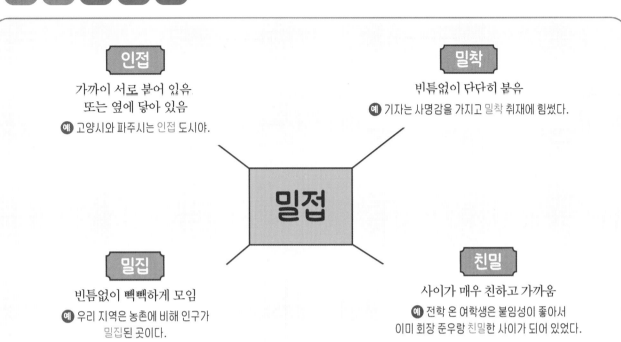

인접
가까이 서로 붙어 있음. 또는 옆에 닿아 있음
예 고양시와 파주시는 인접 도시야.

밀착
빈틈없이 단단히 붙음
예 기자는 사명감을 가지고 밀착 취재에 힘썼다.

밀접

밀집
빈틈없이 빽빽하게 모임
예 우리 지역은 농촌에 비해 인구가 밀집된 곳이다.

친밀
사이가 매우 친하고 가까움
예 전학 온 여학생은 붙임성이 좋아서 이미 회장 준우랑 친밀한 사이가 되어 있었다.

효과
어떤 목적을 가지고 한 행동에 의해 나타난 보람이나 좋은 결과
예 승강기 안에 층간 소음 문제에 대해 홍보지를 붙였더니 효과가 있었다.

작용
어떠한 현상을 일으키거나 영향을 미침
예 규칙적인 운동은 우리 몸에 긍정적인 작용을 한다.

반영
다른 것에 영향을 받아 어떤 현상이 나타남
예 평소 숙제가 많다고 불만을 제기했던 것이 반영되었는지 이번 주는 선생님께서 숙제를 내주지 않으셨다.

영향

파동
사회적으로 어떤 현상이 퍼져 커다란 영향을 미침
예 환경 오염에 대한 주민들의 인식이 높아지면서 그 파동으로 우리 지역 쓰레기 배출량이 확연하게 줄었다.

순망치한
(脣亡齒寒 입술이 없으면 이가 시림)
밀접한 사이에 어느 한쪽이 망하면 다른 한쪽도 그 영향으로 온전하기 어려움을 이르는 말
예 순망치한이라더니 언니가 기분이 안 좋으면 같이 방을 쓰는 나도 기분이 가라앉는다.

낱 말 과 교 과

※ 글을 읽으면서 모르는 낱말이 나오면 밑줄 긋고, 사전에서 뜻을 찾아 써 보세요.

수학 5학년 1학기

핵심 개념 약수와 배수의 관계

곱을 이용하여 약수와 배수의 밀접한 관계를 확인할 수 있습니다. 예를 들어 18=2×9라는 식이 있을 때, 2와 9는 18의 약수가 됩니다. 또한 18은 2와 9의 배수입니다.

내 어휘 더하기		

사회 6학년 2학기

핵심 개념 주변 나라와의 교류

베트남에는 우리나라 기업이 많이 진출해 있습니다. 베트남은 정치, 경제, 문화 등에서 우리나라와 밀접한 관계를 맺고 있는 나라입니다. 우리나라는 반도체, 자동차 등을 베트남에 수출합니다.

내 어휘 더하기		

사회 5학년 2학기

핵심 개념 6·25 전쟁의 피해

6·25 전쟁이 끝나고 오랜 시간이 지났음에도 오늘날까지 전쟁의 영향은 남아 있습니다. 바로 이산가족 문제입니다. 전쟁으로 인해 가족과 헤어져 이산가족으로 살아가고 있는 사람들은 한평생 가슴 한 켠에 가족을 그리워하는 마음을 간직하고 있습니다.

내 어휘 더하기		

과학 5학년 2학기

핵심 개념 습도

습도란 공기 중에 수증기가 포함되어 있는 정도를 말합니다. 습도는 우리 생활에 많은 영향을 줍니다. 습도가 높을 때에는 공기 중에 수증기가 많아 빨래가 잘 마르지 않으며 반대로 습도가 낮을 때에는 피부가 건조해집니다.

내 어휘 더하기		

낱말익히기

1 다음 빈칸에 들어갈 알맞은 낱말을 초성을 이용해 쓰세요.

(1) 국어

알맞은 표정, 몸짓, 말투를 사용한 말하기는 말하기의 효과와 ㅁㅈ 하게 관련되어 있습니다. 예를 들어 회장 선거에 출마하여 공약을 이야기할 때 자신의 선거 기호 번호를 손가락으로 표시하는 몸짓을 하며 말을 한다면, 그렇지 않을 때보다 듣는 사람이 번호를 더 오래 기억하게 하는 효과가 있습니다.

(2) 사회+과학 융합

환경 오염이 생물에 미치는 ㅇㅎ 은 매우 큽니다. 공기 오염은 인간을 비롯한 동물 모두의 호흡 기관에 문제를 발생시킬 수 있습니다. 또한 토양 오염은 흙에 뿌리를 내리고 사는 식물들을 위협합니다.

(1) _____   (2) _____

2 다음 문장의 빈칸에 들어갈 알맞은 낱말을 찾아 선으로 이으세요.

(1) 두 자석 사이에 _____하고 있는 힘이 느껴져.   •   • ㉠ 인접

(2) 사람들이 너무 많이 _____되어 있으니 조금 답답하다.   •   • ㉡ 밀집

(3) 경험을 _____하여 그림으로 표현하세요.   •   • ㉢ 작용

(4) 우리 어른이 되어서도 _____한 마을에 살자.   •   • ㉣ 반영

3 다음 대화 상황에 어울리는 사자성어는 무엇인가요?

도희 유라가 가족여행을 가서 오늘 학교에 못 온대.
기철 그럼 우리 나머지 사람들이라도 역할극 준비를 열심히 하자!
유빈 유라가 나랑 대사 제일 잘 맞춰 주는데…….
효철 유라 한 명 빠지니까 역할극 연습도 재미가 없네.

① 상전벽해   ② 역지사지   ③ 순망치한   ④ 심사숙고   ⑤ 임기응변

낱말확인하기
오늘 배운 낱말을 넣어 나만의 짧은 문장을 써 보세요.

밀접 :

영향 :

낱말이해하기

16일차복습 [밀접/영향] 낱말을 설명해 보세요.

33 | 보존 保存

명사

잘 보호하고 보관해 남김

예 합천 해인사의 팔만대장경판은 국보로 지정되어 보존에 힘쓰고 있다.

34 | 보편적 普遍的

명사

모든 것에 골고루 영향을 미치거나 통하는 것

예 누나는 나의 말에 놀랐지만 이 정도는 보편적으로 사용되는 말이었다.

낱 말 넓 히 기

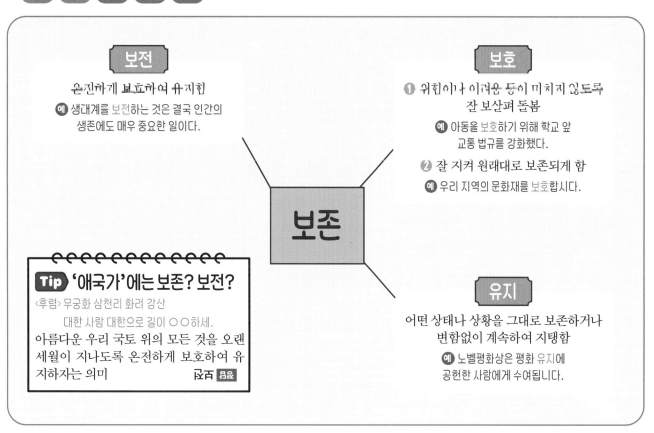

보전

온전하게 보호하여 유지함

예 생태계를 보전하는 것은 결국 인간의
생존에도 매우 중요한 일이다.

보호

① 위험이나 어려움 등이 미치지 않도록
잘 보살펴 돌봄

예 아동을 보호하기 위해 학교 앞
교통 법규를 강화했다.

② 잘 지켜 원래대로 보존되게 함

예 우리 지역의 문화재를 보호합시다.

보존

유지

어떤 상태나 상황을 그대로 보존하거나
변함없이 계속하여 지탱함

예 노벨평화상은 평화 유지에
공헌한 사람에게 수여됩니다.

Tip '애국가'에는 보존? 보전?

〈후렴〉 무궁화 삼천리 화려 강산
대한 사람 대한으로 길이 ○○하세.
아름다운 우리 국토 위의 모든 것을 오랜
세월이 지나도록 온전하게 보호하여 유
지하자는 의미 保存 保全

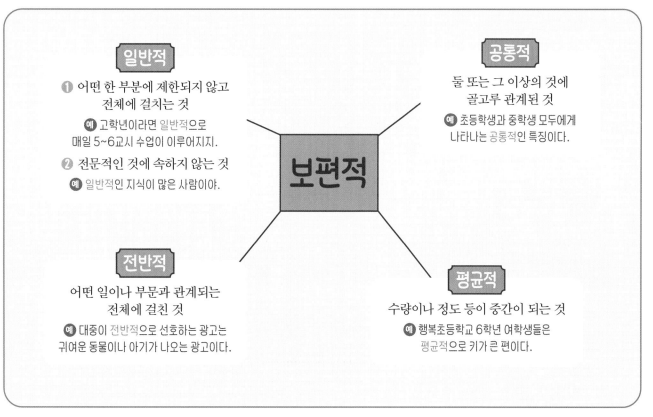

일반적

① 어떤 한 부분에 제한되지 않고
전체에 걸치는 것

예 고학년이라면 일반적으로
매일 5~6교시 수업이 이루어지지.

② 전문적인 것에 속하지 않는 것

예 일반적인 지식이 많은 사람이야.

공통적

둘 또는 그 이상의 것에
골고루 관계된 것

예 초등학생과 중학생 모두에게
나타나는 공통적인 특징이다.

보편적

전반적

어떤 일이나 부문과 관계되는
전체에 걸친 것

예 대중이 전반적으로 선호하는 광고는
귀여운 동물이나 아기가 나오는 광고이다.

평균적

수량이나 정도 등이 중간이 되는 것

예 행복초등학교 6학년 여학생들은
평균적으로 키가 큰 편이다.

낱말과교과

※ 글을 읽으면서 모르는 낱말이 나오면 밑줄 긋고, 사전에서 뜻을 찾아 써 보세요.

사회 4학년 1학기　　　　　　　　　　　　　　　　　　**핵심 개념** 우리 지역 문화유산

　조상의 생활 모습과 삶의 지혜가 그대로 담겨 있는 지역의 문화유산을 아끼고 사랑하며 보존하기 위해 노력해야 합니다. 문화유산은 자연재해로 인해 훼손되기도 하지만 숭례문 화재 사건과 같이 갑작스럽게 훼손되기도 하므로 역사의식을 가지고 문화유산의 소중함을 깨달을 필요가 있습니다.

내 어휘 더하기		

사회 5학년 2학기　　　　　　　　　　　　　　　　　　　　　　**핵심 개념** 석굴암

　석굴암에는 조상들의 뛰어난 과학 기술이 반영되어 있습니다. 석굴암 내부는 자체적으로 습기를 조절할 수 있도록 과학적 원리를 이용하여 만들어졌습니다. 또한 우리 조상들은 석굴암을 보존하기 위해 천장과 벽에 얇은 돌을 끼워 바람이 잘 통하게 하였습니다.

내 어휘 더하기		

도덕 4학년 1학기　　　　　　　　　　　　　　　　　　**핵심 개념** 도덕적 아름다움

　달리기를 하다가 쓰러진 친구에게 먼저 손을 내밀고 친구를 일으켜 세운 후 함께 결승선으로 달려가는 장면을 보면 대부분의 사람이 보편적으로 아름답다고 느끼게 됩니다. 그 순간 마음이 따뜻해지는 것을 느끼기 때문입니다.

내 어휘 더하기		

사회 5학년 1학기　　　　　　　　　　　　　　　　　　　　　　**핵심 개념** 인권

　인권은 인간의 권리를 말하는 것으로 인간이라면 누구나 인간다운 삶을 살아가기 위해 당연하게 누려야 하는 보편적이고 기본적인 권리입니다. 인종, 성별, 종교, 나이 등에 따른 차이 없이 누구나 동등하게 누려야 하는 권리입니다.

내 어휘 더하기		

낱말 익히기

1 다음 빈칸에 들어갈 알맞은 낱말을 초성을 이용해 쓰세요.

(1) 사회+피직 융합

우리 문화재는 금속, 목재, 석재 능 다양한 재실로 만늘어져 있습니다. 문화재가 훼손되었을 때 문화재를 깊이 있게 조사하고 각각의 상황에 따라 적절하게 [ㅂ ㅈ] 처리를 하는 사람들을 문화재보존과학자라고 부릅니다.

(2) 국어

비유하는 표현을 사용할 때에는 일반 사람들과 [ㅂ ㅍ ㅈ]으로 공감이 이루어져야 합니다. 사이좋은 친구를 밝은 햇살에 비유하는 것과 흐린 하늘에 비유하는 것은 다르기 때문입니다. 흐린 하늘에 정다운 친구를 비유할 경우 읽는 사람으로 하여금 공감을 얻기 어려울 수 있습니다.

(1) _____   (2) _____

2 다음 낱말을 넣었을 때 가장 알맞은 문장을 찾아 선으로 이으세요.

(1) 보전 ●   ● ㉠ 중요한 문서는 ○○해 둘 필요가 있다.

(2) 보존 ●   ● ㉡ 생태계를 ○○할 수 있는 법을 만든다.

(3) 공통적 ●   ● ㉢ 나와 언니는 ○○○으로 순한 맛을 좋아한다.

(4) 일반적 ●   ● ㉣ 고양이는 ○○○으로 개보다 혼자 있는 것을 즐긴다.

3 다음 대화에서 낱말을 잘못 사용한 사람은 누구인지 쓰세요. (   )

나연 오늘 평균적으로 래경이 생파 가는 사람 몇 명이야?

서진 말을 줄여 쓰는 것이 대화에서 아주 일반적이구나?

수욱 줄임말을 사용하는 것이 전반적인 추세지. '생파', '생선' 이렇게 말이야.

하윤 난 끝까지 바른 말 고운 말을 유지하겠어!

세희 우리말 한글을 잘 보전합시다. 나도 한글 사랑에 한 표!

낱말 확인하기

오늘 배운 낱말을 넣어 나만의 짧은 문장을 써 보세요.

보존 :

보편적 :

낱말 이해하기

17일차 복습 [보존/보편적] 낱말을 설명해 보세요.

35 | 상용 常用 명사

일상적으로 씀

예 우리말과 글이 아니라, 일본어 상용을 강요받았던 시기였다.

36 | 실용적 實用的 명사

실제로 쓰기에 알맞은 것

예 실용적으로 디자인된 한복이라면 일상생활에서 매일 입을 수 있지.

낱말넓히기

상용

사용
일정한 목적이나 기능에 맞게 씀
예 형 자전거를 사용해도 되는지
미리 형에게 물어보았다.

실용
실제로 씀
실질적인 쓸모
예 우리 회사는 실용 가능한 로봇을
개발하는 데 주력하고 있다.

Tip 상용화
어떤 것이 일상적으로 쓰이게 됨
예 까다로운 실험을 모두 마친 후 드디어
치료약으로 상용화되었다.

통용
일반적으로 골고루 씀
예 유럽 연합국에서는 공식 화폐로
유로가 통용되고 있다.

실용적

기능적
하는 역할이나 작용과 관련된 것
예 저 처마는 기능적으로 뜨거운 해와 비를
피하게 해 준다.

실리적
실제로 이익이 되는 것
예 장사를 시작하기 전에 실리적인 면을
반드시 따져 보아야 한다.

실질적
실제로 있는 본바탕과 같거나
그것에 근거하는 것
예 이 음식점의 실질적인 책임자가
누구인지 따졌다.

경제적
❶ 인간 생활에 필요한 물건이나
서비스를 생산 · 분배 · 소비하는
모든 활동에 관한 것
예 경제적인 능력이 주어진다면 감사한 일이다.
❷ 돈이나 시간, 노력을 적게 들이는 것
예 도보로 이동하는 것이 훨씬 더 경제적이다.

현실적
❶ 현재 실제로 존재하거나 이뤄질 수 있는 것
예 반복되는 갈등을 해결하기 위해
현실적인 방안을 이야기해 보자.
❷ 실제로 얻을 수 있는 이익을 우선시하는 태도
예 나도 나이가 들수록 어쩔 수 없이 현실적으로 변해 간다.

낱말과교과

※ 글을 읽으면서 모르는 낱말이 나오면 밑줄 긋고, 사전에서 뜻을 찾아 써 보세요.

과학 4학년 2학기 　　　　　　　　　　　　　　　　　　　　　　　　　**핵심 개념** 식물 디자인

식물의 생김새나 특징을 연구하고 이를 모방해 생활에서 상용할 수 있는 다양한 물건을 개발하고 있습니다. 식물의 모양에서 아이디어를 얻어 디자인한 생활 소품도 쉽게 찾아볼 수 있습니다.

내 어휘 더하기		

사회 5학년 2학기 　　　　　　　　　　　　　　　　　　　　　　　　　**핵심 개념** 상평통보

조선 말기 현대식 화폐가 나오기 전까지 상평통보라는 화폐가 상용되었습니다. 상평통보는 둥근 엽전 모양이며 가운데에 정사각형의 구멍을 뚫었고, 앞면 상하좌우에 '상평통보(常平通寶)'라는 한자가 써 있었습니다.

내 어휘 더하기		

사회 4학년 1학기 　　　　　　　　　　　　　　　　　　　　　　　　　**핵심 개념** 지도의 활용

우리는 상황과 목적에 따라 다양한 지도를 사용합니다. 지도는 일상생활에서 실용적인 매체입니다. 운전할 때 사용하는 지도에는 자동차의 길 도우미나 스마트폰의 길 도우미 프로그램이 있습니다. 대형 마트에서 길을 헤맬 때에는 층별 안내도를 찾아서 위치를 파악합니다.

내 어휘 더하기		

사회 5학년 2학기 　　　　　　　　　　　　　　　　　　　　　　　　　**핵심 개념** 정약용

백성의 생활을 돕고 현실 문제를 해결하기 위해 실용적인 학문인 실학이 발달했습니다. 실학자 정약용은 농업, 정치, 경제 등 다양한 분야를 연구하였고 수원 화성을 설계했으며, 도르래의 원리를 이용하여 거중기를 개발해 백성들의 노동력을 줄이는 데 큰 역할을 하였습니다.

내 어휘 더하기		

낱말 익히기

1 다음 빈칸에 들어갈 알맞은 낱말을 초성을 이용해 쓰세요.

(1) 사회+과학 융합

여러 나라에서 자율 주행차의 ⌊ㅅ ㅇ⌉에 대해 많은 관심을 가지고 있습니다. 무인 자율 주행차 시험 운행을 통해 안전 문제에 대하여 확인을 거치고 있으며 자동차의 첨단화 시기를 앞당기기 위해 노력하고 있습니다.

(2) 사회+미술 융합

유니버설 디자인이란 성별이나 장애 등으로 인해 이용에 제약을 받지 않도록 모두를 위한 디자인을 추구하는 것입니다. 휠체어를 탄 승객이 편하게 버스를 탈 수 있도록 만든 저상 버스, 손아귀 힘이 약한 사람을 위해 원통형 문 손잡이를 레버식으로 바꾸어 보다 많은 사람에게 ⌊ㅅ ㅇ ㅈ⌉인 상품으로 디자인하는 것 등이 그 예입니다.

(1) _____   (2) _____

2 다음 빈칸에 들어갈 알맞은 낱말을 <보기>에서 찾아 쓰세요(한 번씩만 쓸 수 있습니다).

<보기>   사용   실용   실리적   기능적   경제적

(1) 다 하셨으면 제가 그 드라이기를 (   )해도 될까요?

(2) 자신에게 돌아오는 이익을 꼼꼼히 따져 (   )인 것으로 결정했다.

(3) 우산 손잡이가 부서졌지만 비를 피하는 데에 (   ) 문제는 없다.

(4) (   )인 차이로 인해 불합격했다면 누구나 억울하다고 생각할 것이다.

3 다음 대화의 빈칸에 공통으로 들어갈 낱말은 무엇인가요?

시언 이렇게 두꺼운 영어 책을 읽어야 하다니! 이건 _____으로 불가능한 일이야. 다른 숙제도 많은데…….
성은 꿈이 통역사가 되는 거라고 했잖아. 지금부터 꾸준히 영어 책을 읽어 두면 도움이 될 거야.
미나 다른 애들은 학원 다니며 공부하는데 너는 이모가 무료로 가르쳐 주시는 거라며! _____으로 생각해.
윤재 냉정하게! 나라면, 이모가 가르쳐 주실 때 열심히 배운다!

① 보편적   ② 일상적   ③ 기능적   ④ 현실적   ⑤ 피상적

낱말 확인하기

오늘 배운 낱말을 넣어 나만의 짧은 문장을 써 보세요.

상용 :
~~~~~~

실용적 :
~~~~~~

낱말이해하기

18일차 복습 ▶ [상용/실용적] 낱말을 설명해 보세요.

37 | 수요 需要　　명사

어떤 물건이나 서비스를 일정한 가격으로 사려고 하는 욕구

예 초등학생들 사이에서 캐릭터 지우개 수요가 급증하고 있다.

38 | 수용 受容　　명사

어떠한 것을 받아들임

예 다문화에 대한 인식이 높아져서 나는 국제결혼도 수용 가능해.

낱말넓히기

(TIP) 수요(需要)

반드시 요구되는 바가 있음

(유) 필요 반드시 요구되는 바가 있음
- **(예)** 홍수 피해를 입은 주민들에게 필요 물품을 전달한다.

(유) 소요 필요로 하거나 요구되는 바
- **(예)** 완벽한 행사를 위해서는 소요 인원이 20명 더 필요하다.

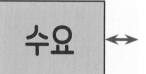

공급

❶ 요구나 필요에 따라 물건 등을 줌
- **(예)** 세금을 내지 않아 전기 공급이 중단되었다.

❷ 바꾸거나 팔기 위해 시장에 물건이나 서비를 제공하는 일
- **(예)** 공장이 제대로 운영되어 공급이 원활하게 이루어지고 있다.

흡수

빨아서 거두어들임

외부에 있는 사람이나 사물 등을 안으로 모이게 함

- **(예)** 상철이가 속해 있던 축구팀이 해체되어 몇몇 선수를 우리 팀이 흡수하기로 결정했다.

용인

어떤 것을 받아들이고 인정함

- **(예)** 내가 서랍 정리를 용인했다고 해서 마음대로 그 문서를 버리라는 뜻은 아니었다.

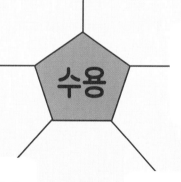

용납

너그러운 마음으로 남의 말이나 행동을 받아들임

- **(예)** 번번이 약속을 어겼기 때문에 이번 일은 용납하지 않겠다.

허용

허락하여 넓은 마음으로 받아들임

- **(예)** 특별히 오늘 하루는 스마트폰을 자유롭게 허용해 주려고!

납득

다른 사람의 말이나 행동, 형편 등을 잘 알아서 긍정하고 이해함

- **(예)** 현명한 친구이기 때문에 충분히 납득했을 것이다.

낱말과교과

※ 글을 읽으면서 모르는 낱말이 나오면 밑줄 긋고, 사전에서 뜻을 찾아 써 보세요.

사회 4학년 1학기

핵심 개념 도시의 주택 문제

도시에 많은 사람이 모여 살게 되면서 인구 밀도가 높아지면 주택 문제가 발생합니다. 도시의 인구 증가로 주택 수요가 늘어나게 되면 낡고 오래된 주택이 모여 있는 지역을 새롭게 정비하여 건물을 짓고, 더 많은 사람에게 주택을 제공하기 위해 노력합니다.

내 어휘 더하기		

사회 4학년 2학기

핵심 개념 경제적 교류

감 농장이 밀집되어 발달한 지역이 있다면 해당 지역에서는 대량으로 감을 생산해 냅니다. 또한 인근에 기술이 발달하고 공장이 많은 지역이 있다면 그 지역에서는 주변 농장에서 생산한 감을 이용하여 과자를 만듭니다. 과자의 수요가 늘어남에 따라 감 농장이 밀집되어 있던 지역은 더욱 유명해지게 되고, 결국 두 지역이 모두 경제적 이익을 얻을 수 있는 구조가 만들어집니다.

내 어휘 더하기		

사회 5학년 2학기

핵심 개념 근대 문물의 수용

근대 문물을 수용하면서 소학교, 중학교 등 근대식 학교가 설립되고 과학, 수학, 음악 등의 교육을 받을 수 있게 되었습니다. 학교뿐만 아니라 근대식 시설로 신문사, 서양식 무기 공장, 서양식 병원도 설립되었습니다.

내 어휘 더하기		

도덕 5학년 2학기

핵심 개념 건강한 사이버 생활

인터넷에서 접하는 정보는 사실인지 살펴보고 스스로 판단하는 태도가 매우 중요합니다. 누군가가 의도적으로 퍼뜨리거나 사람들의 관심을 끌기 위하여 사실인 것처럼 꾸며 내는 거짓 정보들을 그대로 수용하게 되면, 그로 인하여 피해를 입는 사람들이 생겨납니다.

내 어휘 더하기		

낱말 익히기

1 다음 빈칸에 들어갈 알맞은 낱말을 초성을 이용해 쓰세요.

(1) 사회

시장에서 거래되는 모든 물건에는 가격이 정해져 있습니다. 일반적으로 상품의 가격이 오르면 사람들은 그 상품을 적게 구매하려 하고, 상품의 가격이 내리면 이전보다 더 많이 구매하려고 합니다. 가격이 변화하면 ㅅㅇ 에도 변화가 생깁니다.

(2) 과학

건물 출입구나 화장실 출입구에 사람의 움직임을 감지하는 센서가 탑재된 전등을 많이 사용합니다. 이러한 방식을 ㅅㅇ 하면 자주 들락날락하게 되는 장소에서 필요할 때 짧은 시간 전등이 켜졌다가 꺼지면서 에너지를 효율적으로 사용할 수 있습니다.

(1) _____ (2) _____

2 다음 문장을 읽고, 괄호 안에서 알맞은 낱말을 골라 ○표 하세요.

(1) 생명과학부가 없어지면서 과학탐구반에서 이 학생들을 (흡수 / 용인)했어.

(2) 나는 너를 절대 (용납 / 허용)할 수 없을 것 같아.

(3) 큰마음 먹고 (납득 / 허용)하였으니 즐겁게 놀다 와.

(4) 시간이 지나니 선생님 말씀이 충분히 (용납 / 납득)되었어.

3 다음 글의 빈칸에 공통으로 들어갈 알맞은 낱말은 무엇인가요?

기업이 물건을 만들어 상품을 판매하고자 하는 것을 _____이라고 합니다. 상품 가격이 일정하더라도 생산 기술이 발달하면 기업에서는 더 많은 _____을 할 수 있게 됩니다. 하지만 생산에 필요한 재료 값이 상승하면 만들어 내는 데 비용이 많이 들기 때문에 _____이 줄어들 수 있습니다.

① 수요 ② 수용 ③ 공급 ④ 배송 ⑤ 교환

낱말 확인하기

오늘 배운 낱말을 넣어 나만의 짧은 문장을 써 보세요.

수요 :

수용 :

낱말이해하기

19일차 복습 [수요/수용] 낱말을 설명해 보세요.

39 | 신념 信念 　　명사

굳게 믿는 마음

예 어떠한 일이 있어도 내 신념을 지키며 살겠다.

40 | 의도 意圖 　　명사

무엇을 하고자 하는 생각이나 계획
무엇을 하려고 꾀함

예 김 감독의 의도는 버려지는 동물들이 고통받고 있음을 대중에게 알리고 싶었던 것이다.

낱말 넓히기

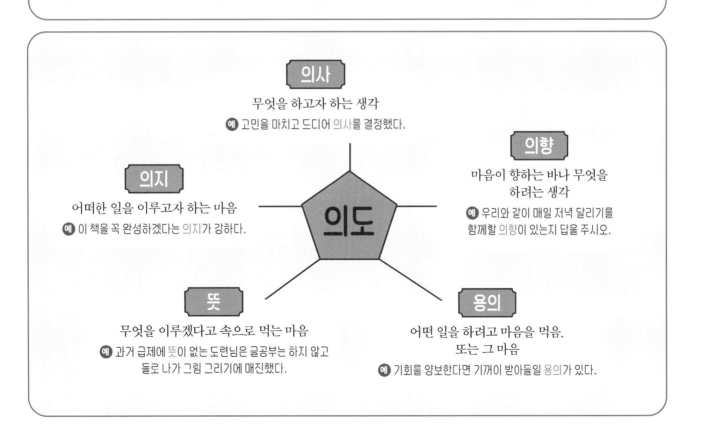

믿음

어떤 사실이나 사람을 믿는 마음

예 10년 지기 친구라서 그에게 절대적인 믿음을 가지고 있다.

철학

자신의 경험에서 얻은 인생관, 세계관, 신조 등을 이르는 말

예 선생님께서는 매 순간 최선을 다해야 한다는 철학을 가지고 계셨다.

확신

굳게 믿는 마음

예 시험을 마치고 나온 영우는 합격에 확신이 있다고 말했다.

소신

굳게 믿고 있거나 생각하는 바

예 거짓으로 꾸며 낸 기사를 쓰지 않겠다는 것이 기자로서의 내 소신이다.

신조

굳게 믿어 지키고 있는 생각

예 절약에 대한 할아버지의 신조는 굳건하여 모든 가족이 그것을 지켜야 했다.

이를 악물다

고통이나 어려움을 참고 극복하려는 굳은 의지를 나타내는 표현

예 이를 악물고 연습했다.

신념

의사

무엇을 하고자 하는 생각

예 고민을 마치고 드디어 의사를 결정했다.

의지

어떠한 일을 이루고자 하는 마음

예 이 책을 꼭 완성하겠다는 의지가 강하다.

의향

마음이 향하는 바나 무엇을 하려는 생각

예 우리와 같이 매일 저녁 달리기를 함께할 의향이 있는지 답을 주시오.

뜻

무엇을 이루겠다고 속으로 먹는 마음

예 과거 급제에 뜻이 없는 도련님은 글공부는 하지 않고 들로 나가 그림 그리기에 매진했다.

용의

어떤 일을 하려고 마음을 먹음. 또는 그 마음

예 기회를 양보한다면 기꺼이 받아들일 용의가 있다.

의도

낱말과교과

※ 글을 읽으면서 모르는 낱말이 나오면 밑줄 긋고, 사전에서 뜻을 찾아 써 보세요.

국어 4학년 2학기   핵심 개념 위인에게 본받을 점

헬렌 켈러는 말하기를 배우는 것이 너무 힘들었지만 포기하지 않았습니다. 배움에 대한 신념을 꿋꿋하게 지켜 나가며 다른 사람에게 자기 생각을 전할 수 있게 될 때까지 노력하였습니다.

내 어휘 더하기		

도덕 5학년 1학기   핵심 개념 도덕성

숙제를 하고 있는데 친구가 같이 놀자고 제안한다면 고민이 될 것입니다. 친구가 인터넷 자료에서 대충 빨리 베끼고 남은 시간에 놀자고 구체적인 방법까지 이야기하며 설득한다면 더욱 고민에 빠지게 됩니다. 이때 자신의 양심에 귀를 기울이고 스스로의 신념을 지키기 위해 노력하는 것이 바로 올바른 삶입니다.

내 어휘 더하기		

국어 5학년 2학기   핵심 개념 공감하며 말하기

상대방의 말을 반복해 주거나, 말이나 행동으로 맞장구를 쳐 주는 것의 의도는 경청하고 있다는 것을 보여 주는 것입니다. 경청하기는 공감하며 듣고 말하기의 가장 기본적인 단계라고도 할 수 있습니다.

내 어휘 더하기		

국어 6학년 2학기   핵심 개념 광고

광고에서 관용 표현을 활용하는 의도는 사람들의 관심을 끌기 위해서입니다. '물을 물 쓰듯 쓰다'라는 표현은 물을 헤프게 쓰고 있다는 뜻으로 물을 아껴 쓰자는 의도를 담고 있습니다.

내 어휘 더하기		

낱말익히기

1 다음 빈칸에 들어갈 알맞은 낱말을 초성을 이용해 쓰세요.

(1) 국어

　　전기문은 사실에 근거하여 인물의 삶을 적어 놓은 글입니다. 인물이 살았던 시대 상황을 배경으로 하여 인물이 한 일을 통해 그 인물의 가치관과 ㅅㄴ 을 알 수 있습니다.

(2) 국어+사회

　　뉴스는 대중에게 새로운 정보를 알려 줍니다. 뉴스는 여러 사람의 생각에 영향을 주어 여론을 형성하는 데 바탕이 되기도 합니다. 뉴스 보도는 보도 순서나 기자의 전달 방식, 기자의 언어 표현 방법에 따라 숨겨진 ㅇㄷ 가 있는 경우도 있습니다.

(1) _____　　　　　　(2) _____

2 다음 문장의 빈칸에 들어갈 알맞은 낱말을 찾아 선으로 이으세요.

(1) 수녀님은 평생 주변의 어려운 이웃을 돌보며 자신의 _____을 실천하셨다.　●　　●　㉠ 철학

(2) 운전 면허 시험에 두 번이나 떨어졌던 엄마가 이번에는 진짜 합격한 것 같다며 _____에 찬 목소리로 말씀하셨다.　●　　●　㉡ 의향

(3) 피아노로 진로를 바꾸어 볼 _____이 있니?　●　　●　㉢ 확신

(4) 건강을 되찾겠다는 _____가 매우 강하다.　●　　●　㉣ 의지

3 다음 대화 상황에 어울리는 관용 표현은 무엇인가요?

> **승빈** 초콜릿, 사탕, 탕후루…… 도저히 못 끊겠어.
> **단아** 건강을 생각해. 소아 당뇨, 소아 비만 이런 질병 못 들어 봤어?
> **현빈** 승빈아! 나랑 같이하자! 나 다이어트가 절실해.
> **혜주** 나도 끼워 줘. 체중 감량! 이번에는 진짜 꼭 성공하고야 만다! 건강도 찾고 체중도 감량하고!

① 발을 빼다　　② 발을 끊다　　③ 간을 졸이다　　④ 이가 빠지다　　⑤ 이를 악물다

낱말확인하기 오늘 배운 낱말을 넣어 나만의 짧은 문장을 써 보세요.

신념 :

의도 :

첫째마당 **진짜? 가짜!**

※ 낱말에 대한 설명이 알맞으면 ○표, 알맞지 않으면 ✕표 하세요. (가짜 2개)

31 | 밀접 ○

아주 가깝게 맞닿아 있음

32 | 영향

어떤 것의 효과가 다른 것에 미치는 일

33 | 보존

잘 보호하고 보관해 남김

34 | 보편적

모든 것에 골고루 영향을 미치거나
통하는 것

35 | 상용

어떠한 것을 받아들임

36 | 실용적

실제로 쓰기에 알맞은 것

37 | 수요

어떤 물건이나 서비스를 일정한 가격으로
사려고 하는 욕구

38 | 수용

일상적으로 씀

39 | 신념

굳게 믿는 마음

40 | 의도

무엇을 하고자 하는 생각이나 계획
무엇을 하려고 꾀함

둘째마당 암호를 해독하라!

❶ 가까이 서로 붙어 있음. 또는 옆에 닿아 있음 — 🔑 접

❷ 입술이 없으면 이가 시림 — 🎤 망 치 한

❸ 위험이나 어려움 등이 미치지 않도록 잘 보살펴 돌봄 — 🔥 호

❹ 일정한 목적이나 기능에 맞게 씀 — 🚩 용

❺ 어떤 것이 일상적으로 쓰이게 됨 — 💎 용 화

❻ 너그러운 마음으로 남의 말이나 행동을 받아들임 — 🌐 납

❼ 굳게 믿어 지키고 있는 생각 — 신 🏆

❽ 자신의 경험에서 얻은 인생관, 세계관, 신조 등을 이르는 말 — 🎓 학

❾ 어떠한 일을 이루고자 하는 마음 — 의 🙂

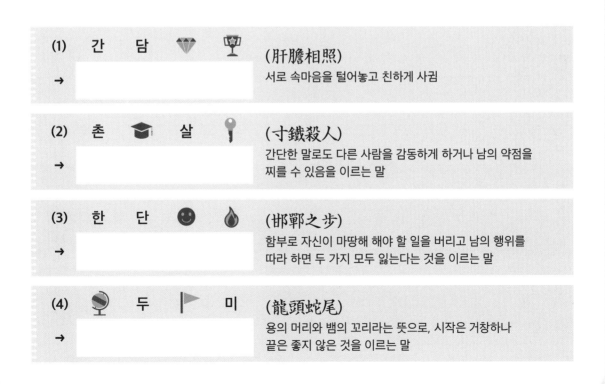

(1) 간 담 💎 🏆 → ____ (肝膽相照)
서로 속마음을 털어놓고 친하게 사귐

(2) 촌 🎓 살 🔑 → ____ (寸鐵殺人)
간단한 말로도 다른 사람을 감동하게 하거나 남의 약점을 찌를 수 있음을 이르는 말

(3) 한 단 🙂 🔥 → ____ (邯鄲之步)
함부로 자신이 마땅해 해야 할 일을 버리고 남의 행위를 따라 하면 두 가지 모두 잃는다는 것을 이르는 말

(4) 🌐 두 🚩 미 → ____ (龍頭蛇尾)
용의 머리와 뱀의 꼬리라는 뜻으로, 시작은 거창하나 끝은 좋지 않은 것을 이르는 말

5주차

다음 중 아는 낱말에 V 표시해 보세요.

- ☐ 요인
- ☐ 근거
- ☐ 유기적
- ☐ 유대감
- ☐ 유래
- ☐ 유사하다
- ☐ 유용성
- ☐ 유의
- ☐ 유출
- ☐ 의아

낱 말 이 해 하 기

20일차 복습 [신념/의도] 낱말을 설명해 보세요.

41 | 요인 要因　　명사

사물이나 사건이 성립되는 원인이나 조건

예 그녀가 성공할 수 있었던 요인은 응원해 주는 가족들 덕분이었다.

42 | 근거 根據　　명사

❶ **어떤 일의 뿌리가 되는 중요한 지점**

예 일단 이 건물을 근거로 삼고 세 명씩 함께 수색한다.

❷ **어떤 일이나 판단, 주장 등이 나오게 된 바탕이나 까닭**

예 그 사람 잘못이라고 생각하는 근거를 설명해 주세요.

낱말넓히기

요인

근거
어떤 일이나 판단, 주장 등이
나오게 된 바탕이나 까닭
예 아무런 근거도 없이 헛소문을 퍼트린다.

까닭
일이 생기게 된 원인이나 조건
예 할머니께서는 손자가 아픈 까닭을 알지 못해
답답해하셨다.

동기
어떤 일이나 행동을 일으키게 하는 계기
예 이 책을 만들게 된 동기는 학생들에게 도움을
주고 싶어서입니다.

근거

기초
사물이나 일 등의 기본이 되는 것
예 어휘 학습은 모든 교과 공부의 기초가
된다고 할 수 있다.

이유
어떠한 결과가 나오게 된
까닭이나 근거
예 다리를 다친 이유를 설명하느라
정신이 없었다.

기반
기초가 되는 바탕이나 사물의 토대
예 새로 이사 온 마을에서 마음을 새롭게 하며
기반을 다졌다.

계기
어떤 일이 일어나거나 변화하게
만드는 결정적인 원인이나 기회
예 운동회를 계기로 우리 학급은 친구들끼리
더욱 친해졌다.

사실무근
근거가 없음. 또는 터무니없음
예 사라가 교장 선생님 딸이라는 소문은
사실무근으로 밝혀졌다.

자업자득
(自業自得 자기가 저지른 일의 결과를
자기가 받음)
예 처음부터 스스로 선택한 일이니까 결과가
나쁘더라도 자업자득이라고 생각하고 받아들이겠다.

종두득두
(種豆得豆 콩을 심으면 반드시 콩이 나옴)
원인에 따라 결과가 생긴다는 말로,
'콩 심은 데 콩 나고 팥 심은 데 팥 난다'와 같은 말
예 아침 독서 10분과 독서록 쓰기를 꾸준히 실천했더니 독서왕에 쉽게 선발되었다.
종두득두라고 아침마다 시간을 허루루 보내고 책을 읽지 않은 친구들은 상을 받지 못했다.

낱말과교과

※ 글을 읽으면서 모르는 낱말이 나오면 밑줄 긋고, 사전에서 뜻을 찾아 써 보세요.

과학 5학년 2학기 　　　　　　　　　　　　　　　　　　　　　　**핵심 개념** 비생물 환경 요인

　　온도, 공기, 토양, 빛 등을 비생물 환경 요인이라고 합니다. 비생물 환경 요인은 생물에게 영향을 미칩니다. 예를 들어 토양은 식물이 뿌리를 내리고 자랄 수 있도록 도와주고, 물은 모든 생물이 생명을 유지하는 데 도움을 줍니다.

내 어휘 더하기		

과학 6학년 1학기 　　　　　　　　　　　　　　　　　　　　　**핵심 개념** 태양과 달의 위치 변화

　　태양과 달은 공통적으로 하루 동안 동쪽에서 서쪽으로 위치가 달라집니다. 태양과 달의 위치가 달라지는 요인은 지구의 자전과 관련이 있습니다. 지구는 자전축을 중심으로 하루에 한 바퀴씩 서쪽에서 동쪽으로 회전하는데, 이를 자전이라고 합니다. 즉, 지구가 자전하기 때문에 하루 동안 태양과 달의 위치가 동쪽에서 서쪽으로 달라지는 것입니다.

내 어휘 더하기		

국어 5학년 1학기 　　　　　　　　　　　　　　　　　　　　　　**핵심 개념** 근거의 적절성

　　근거가 적절하지 않을 경우 주장은 설득력을 잃게 됩니다. 제시한 근거가 적절한지 확인하려면 근거가 주장과 관련이 있는지 파악해 봐야 합니다. 또, 알맞은 낱말을 사용해 제시하고 있는지도 확인해 보아야 합니다.

내 어휘 더하기		

국어 6학년 1학기 　　　　　　　　　　　　　　　　　　　　　　**핵심 개념** 타당한 근거

　　논설문은 주장을 쓰는 글입니다. 주장하는 글에는 주장과 근거가 함께 나타나야 합니다. 근거를 뒷받침하기 위해서는 여러 가지 자료를 찾아서 정리하면 좋습니다. 예를 들어 스마트폰 사용을 줄이자는 주장을 펼칠 때 스마트폰을 많이 사용하면 건강을 해칠 수 있다는 근거를 드는 것입니다. 근거를 뒷받침하기 위해 거북목 증후군, 안구 건조증 등 질병에 대한 통계 자료를 제시할 수 있습니다.

내 어휘 더하기		

낱말 익히기

1 다음 빈칸에 들어갈 알맞은 낱말을 초성을 이용해 쓰세요.

(1) 사회+과학 융합

환경 오염은 기후 변화를 일으키는 | ㅇ ㅇ | 중 하나입니다. 기후 변화로 인해 폭우, 폭염 등이 현상이 나타나고 이로 인하여 결국 인명 피해가 발생하기도 합니다.

(2) 사회+도덕 융합

독도가 우리나라 땅이라는 | ㄱ ㄱ | 는 여러 문서에서 발견할 수 있습니다. 일본의 '시마네현 고시 제40호'보다 5년 앞서 1900년에 반포한 '대한제국 칙령 제41호'를 보면 독도가 우리나라 땅이라는 것이 기록되어 있습니다. 또한 '연합국 최고사령관 각서 제677호'에도 일본이 독도를 제주도, 울릉도와 함께 통치 영역에서 분리한다는 내용이 드러나 있습니다.

(1) _____   (2) _____

2 다음 낱말의 알맞은 뜻을 찾아 선으로 이으세요.

(1) 계기   •   • ㉠ 어떤 일이나 행동을 일으키게 하는 계기

(2) 동기   •   • ㉡ 어떤 일이 일어나거나 변화하게 만드는 결정적인 원인이나 기회

(3) 사실무근 •   • ㉢ 근거가 없음. 또는 터무니없음

(4) 자업자득 •   • ㉣ 자기가 저지른 일의 결과를 자기가 받음

3 다음 대화에서 낱말이나 표현을 잘못 사용한 사람은 누구인지 쓰세요. (   )

유진 수학 공부를 열심히 해야겠다는 <u>동기</u>가 생겼어.
종윤 지선이가 전학 오면서 라이벌이 생겼구나? 좋은 <u>계기</u>가 되었네.
민정 지선이가 고등학교 수학 문제도 풀 수 있다는 소문은 <u>사실무근</u>이래.
선희 유진이가 수학 공부에 대한 열의가 생기다니 <u>자업자득</u>이다.
윤재 열심히 공부하면 반드시 수학 실력이 오를 거야. <u>종두득두</u>라는 말도 있잖아.

낱말 확인하기

오늘 배운 낱말을 넣어 나만의 짧은 문장을 써 보세요.

요인 :

근거 :

낱 말 이 해 하 기

21일차 복습 ▶ [요인/근거] 낱말을 설명해 보세요.

43 | 유기적 有機的 명사

전체를 이루고 있는 각 부분이 서로 밀접하게 관계를 맺고 있어서 떼어 낼 수 없는 것

예 우리 몸은 유기적으로 연결되어 있다.

> 우리도 엄마 배 속에 있던 때가 있었지.
>
> 우리 엄마는 배 속에 있는 나한테 하루 종일 말을 거셨대.
>
> 엄마 배 속에서 우리가 그걸 들었을까?
>
> 엄마랑 아기는 유기적 관계니까 들었을 것 같아. 사랑하는 마음도 느꼈을 거야.

44 | 유대감 紐帶感 명사

서로 아주 가깝게 연결되어 있는 것처럼 통하는 느낌

예 운동복을 똑같이 맞춰 입고 응원전을 펼치며 우리의 유대감을 보여 주었다.

> 승원아, 졸업 축하해.
>
> 졸업
>
> 우리 중학교에 가도 6학년 5반 잊지 말자!
>
> 당연하지! 끈끈한 유대감!
>
> 우리 동창회도 하자! 6학년 5반의 추억을 공유하고 있으니 할 이야기가 넘칠 거야.

낱말넓히기

Tip 유기체(有機體)

정해진 목적 아래 많은 부분이 조직되어 있어 각 부분과 전체가 밀접한 관계를 가지고 있는 것

예 인간은 여러 세포로 구성된 유기체이다.

유 **생물체** 생명을 가지고 있는 것

예 우주에 살고 있는 또 다른 생물체에 대해 연구하고 있다.

유 **조직체** 체계 있게 만들어진 체제나 단체

예 영화부 동아리는 다른 동아리보다 조직체가 더 완벽하다.

유기적

바늘 가는 데 실 간다

바늘이 가는 데 실이 항상 뒤따른다는 뜻으로, 사람의 긴밀한 관계를 비유적으로 이르는 말

예 바늘 가는 데 실 간다고 단짝인 은우와 수빈이는 항상 함께 다녀.

소속감

자신이 어떤 집단에 소속되어 있다는 느낌

예 새로 가입한 축구회에서 소속감을 느끼는 순간이었다.

관포지교

(管鮑之交 관중과 포숙의 사귐)
우정이 아주 깊은 친구 관계를 이르는 말

예 나는 너희와 관포지교가 되고 싶은 소망이 있어.

죽마고우

(竹馬故友 대나무로 만든 말을 타고 놀던 친구를 이르는 말)
어릴 때부터 같이 놀며 자란 벗

예 마치 죽마고우처럼 모든 면에서 익숙했다.

유대감

손발을 맞추다

함께 일을 하는 데에 마음이나 의견, 행동 방식 따위를 서로 맞게 하다.

예 함께 일을 한 지 5년이 되자 손발을 맞추는 것이 매우 자연스러워졌다.

가재는 게 편 / 초록은 동색

모양이나 사정이 비슷하거나 같아 서로 잘 어울리거나 한편이 되는 경우에 쓰는 표현

예 가재는 게 편이라더니 같은 반이라고 동현이 편만 들어 주니까 내가 너무 속상하잖아.

팔은 안으로 굽는다

자기와 가까운 사람에게 마음이 더 가는 것이 당연하다는 표현

예 팔은 안으로 굽는다고 했어. 피구부 인원수가 더 많으니까 피구부 쪽에서 체육 부장이 나오면 우리에게 불리하지.

낱말과교과

※ 글을 읽으면서 모르는 낱말이 나오면 밑줄 긋고, 사전에서 뜻을 찾아 써 보세요.

국어 4학년 2학기   핵심 개념 **인물의 성격**

이야기에서 어떤 일을 겪는 사람이나 사물을 '인물'이라고 합니다. 인물은 이야기의 구성 요소인 사건, 배경과 유기적으로 연결되어 있습니다. 인물의 성격과 가치관은 어떤 사건을 겪었을 때 이야기의 전개를 끌고 나가는 데 핵심적인 역할을 합니다.

내 어휘 더하기		

과학 5학년 2학기   핵심 개념 **생태계 평형**

생물들은 생태계 내에서 매우 유기적인 관계를 맺고 있습니다. 먹고 먹히는 관계에 있는 생물의 종류와 수가 균형을 이루어야 생태계 내의 생물이 안정적으로 살 수 있습니다. 자연재해나 기후 변화 등으로 인해 어떤 한 생물의 개체 수가 갑자기 늘어나거나 줄어들면 생태계의 평형은 깨지게 됩니다.

내 어휘 더하기		

국어 4학년 2학기   핵심 개념 **협동**

협동을 잘하는 친구들은 학급에서 어려움을 겪고 있는 친구가 있을 때 적극적으로 도와줍니다. 협동은 하나의 목표를 향해서 친구들과 의견을 조율하며 목표 달성 방법을 논의하고 각자 역할을 나누어 맡아 함께 실천하는 것입니다. 친구들과 협동을 하면 우정이 돈독해지고 유대감을 쌓을 수 있습니다.

내 어휘 더하기		

도덕 6학년 1학기   핵심 개념 **지구촌**

지구촌 전체가 유대감을 가져야 할 때입니다. 교통과 통신 기술의 발달로 이미 지구촌은 각 나라의 소식을 매우 빠르게 접하고 있으며 여행과 무역 등으로 적극적인 교류를 하고 있습니다. 평화로운 지구촌을 이루기 위해서는 서로가 공동체라는 의식을 가지고 존중하는 자세가 필요합니다.

내 어휘 더하기		

낱말익히기

1 다음 빈칸에 들어갈 알맞은 낱말을 초성을 이용해 쓰세요.

(1) 과학

　생태계에서 최상위 포식자가 줄어들면 초식동물이 증가합니다. 초식동물이 증가하면 풀과 나무가 황폐해집니다. 먹이 사슬과 먹이 그물의 구조는 ┃ ㅇ ㄱ ㅈ ┃ 으로 연결되어 있으므로 생태계의 평형은 모든 생물에게 중요합니다.

(2) 사회+체육 융합

　올림픽, 월드컵, 아시안 게임 등 다양한 스포츠 경기가 개최됩니다. 국제적인 경기에서 우리나라 선수들이 승전보를 전해 오면 대한민국 국민으로서 자부심이 생깁니다. 축구 경기가 있는 날이면 많은 사람이 빨간색 옷을 입고 한마음으로 응원하며 ┃ ㅇ ㄷ ㄱ ┃ 을 느낍니다.

(1) _____　　　　　(2) _____

2 다음 글의 빈칸에 들어갈 알맞은 낱말이나 표현을 <보기>에서 찾아 기호를 쓰세요.

<보기>　　㉠ **소속감**　　㉡ **관포지교**　　㉢ **손발을 맞춘**　　㉣ **초록은 동색**

　1반과 3반의 결승전이다. 언제 저렇게 **(1)_____** 건지 친구들의 패스가 완벽했다. 시우가 던진 공에 3반 가현이가 맞았다. 그런데 경기가 무르익어 갈 때쯤 경기장 안에 가현이가 다시 보인다. "가현이 분명 아웃이었는데!" 큰 소리로 심판에게 3반이 반칙을 했다고 말했다. 가현이랑 **(2)_____** 사이인 시준이가 나를 째려본다. 나의 외침을 들은 심판이 경기를 잠시 정지시켰다. 가현이의 아웃 상황에 대해 확인하는데 3반 아이들이 단체로 소리를 치며 반칙이 아니란다. **(3)_____**이라더니……. 엎치락뒤치락! 우여곡절 끝에 우리 반이 이겼다. 내가 1반이라는 것이 너무 자랑스러웠다. 평소에는 의식하지 못했었는데 **(4)_____**이라는 것이 이런 것이구나!

3 다음 대화의 빈칸에 들어갈 사자성어로 알맞은 것은 무엇인가요?

의성　지호랑 성훈이는 유치원 때부터 늘 붙어 다녔어.
희수　바늘 가는 데 실 간다더니 심지어 이번에 둘이 같은 대학에 들어갔다던데?
시언　_____랑 같은 대학에 다니게 되었다니 부럽다. 왠지 지호랑 성훈이는 군대도 같이 갈 것 같은 느낌!

① 죽마고우　　　② 난형난제　　　③ 이심전심　　　④ 형설지공　　　⑤ 순망치한

낱말확인하기 오늘 배운 낱말을 넣어 나만의 짧은 문장을 써 보세요.

유기적 :

유대감 :

낱말이해하기

22일차 복습 ▶ [유기적/유대감] 낱말을 설명해 보세요.

45 | 유래 由來

명사

어떤 것이 생겨남
어떤 것이 생겨난 바

예 이 전래 놀이는 유래를 명확하게 정리하기 어렵다.

46 | 유사하다 類似하다

형용사

서로 비슷하다.

예 그 자매는 누가 봐도 알아볼 수 있을 만큼 외모가 유사했다.

낱말 넓히기

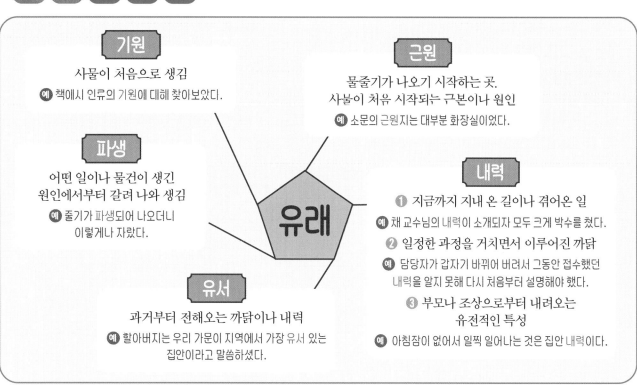

기원

사물이 처음으로 생김

예 책에서 인류의 기원에 대해 찾아보았다.

근원

물줄기가 나오기 시작하는 곳.
사물이 처음 시작되는 근본이나 원인

예 소문의 근원지는 대부분 화장실이었다.

파생

어떤 일이나 물건이 생긴
원인에서부터 갈려 나와 생김

예 줄기가 파생되어 나오더니
이렇게나 자랐다.

내력

❶ 지금까지 지내 온 길이나 겪어온 일

예 채 교수님의 내력이 소개되자 모두 크게 박수를 쳤다.

❷ 일정한 과정을 거치면서 이루어진 까닭

예 담당자가 갑자기 바뀌어 버려서 그동안 접수했던
내력을 알지 못해 다시 처음부터 설명해야 했다.

❸ 부모나 조상으로부터 내려오는
유전적인 특성

예 아침잠이 없어서 일찍 일어나는 것은 집안 내력이다.

유래

유서

과거부터 전해오는 까닭이나 내력

예 할아버지는 우리 가문이 지역에서 가장 유서 있는
집안이라고 말씀하셨다.

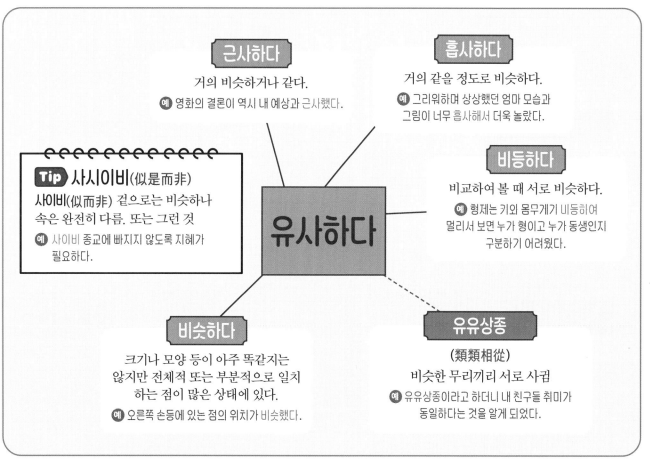

근사하다

거의 비슷하거나 같다.

예 영화의 결론이 역시 내 예상과 근사했다.

흡사하다

거의 같을 정도로 비슷하다.

예 그리워하며 상상했던 엄마 모습과
그림이 너무 흡사해서 더욱 놀랐다.

Tip 사시이비(似是而非)

사이비(似而非) 겉으로는 비슷하나
속은 완전히 다름. 또는 그런 것

예 사이비 종교에 빠지지 않도록 지혜가
필요하다.

비등하다

비교하여 볼 때 서로 비슷하다.

예 형제는 키와 몸무게가 비등하여
멀리서 보면 누가 형이고 누가 동생인지
구분하기 어려웠다.

유사하다

비슷하다

크기나 모양 등이 아주 똑같지는
않지만 전체적 또는 부분적으로 일치
하는 점이 많은 상태에 있다.

예 오른쪽 손등에 있는 점의 위치가 비슷했다.

유유상종

(類類相從)

비슷한 무리끼리 서로 사귐

예 유유상종이라고 하더니 내 친구들 취미가
동일하다는 것을 알게 되었다.

낱말과 교과

※ 글을 읽으면서 모르는 낱말이 나오면 밑줄 긋고, 사전에서 뜻을 찾아 써 보세요.

음악 4학년 1학기   핵심 개념 아리랑

아리랑 노래는 지역마다 장단과 노랫말에 차이를 보이며 전해 내려왔습니다. '아리랑'이라는 말의 유래에 대해서는 다양한 견해가 있습니다. 그중에는 밀양 지역의 전설에 나오는 '아랑'에서부터 시작되었다는 설도 있습니다.

내 어휘 더하기		

도덕 4학년 1학기   핵심 개념 김치의 유래

세계 여러 나라는 각기 다른 문화를 가지고 있습니다. 음식 문화 역시 모두 다릅니다. 김치는 삼국 시대 이전부터 우리 민족이 즐겨 먹던 음식입니다. 고구려 시대의 벽화나 고려시대 문신인 이규보의 『동국이상국집』에서도 김치의 유래를 찾아볼 수 있습니다.

내 어휘 더하기		

과학 4학년 1학기   핵심 개념 화석

조개 화석은 줄무늬가 있고 부채 모양이며 오늘날의 조개와 유사한 모습입니다. 삼엽충 화석은 둥근 모양에 줄무늬가 여러 개 있으며 오늘날 생물로는 투구게와 비슷한 모양입니다.

내 어휘 더하기		

과학 5학년 1학기   핵심 개념 균류

버섯과 곰팡이는 모두 균류에 속하는 생물입니다. 균류는 실처럼 가늘고 긴 가닥이 모여서 이루어져 있습니다. 버섯과 곰팡이는 유사한 특징을 가지고 있습니다. 스스로 양분을 만들지 못하고 다른 생물이나 음식 등에 붙어서 양분을 얻는다는 점입니다.

내 어휘 더하기		

낱말 익히기

1 다음 빈칸에 들어갈 알맞은 낱말을 초성을 이용해 쓰세요.

(1) 사회

과테말라 인디언들의 전래 동화 속에서 걱정 인형의 ㅇㄹ 를 찾아볼 수 있습니다. 걱정 인형에게 걱정을 이야기하고 베개 밑에 두고 자면 그 인형이 걱정을 없애 준다고 믿었던 사람들의 이야기가 나오기 때문입니다.

(2) 과학

산소는 물질이 타는 것을 도와주는 반면 이산화탄소는 물질이 타는 것을 방해합니다. 산소는 철과 같은 금속을 녹슬게 하고, 이산화탄소는 석회수를 뿌옇게 만드는 특징을 가지고 있습니다. 산소와 이산화탄소 모두 색깔과 냄새가 없다는 것이 ㅇㅅ 합니다.

(1) _____   (2) _____

2 다음 문장을 읽고, 괄호 안에서 알맞은 낱말을 골라 ○표 하세요.

(1) 시간이 지나자 소문의 (기원 / 근원)을 찾을 수 있었다.

(2) 할머니 댁 마당의 은행나무는 (유서 / 내력) 깊은 나무이다.

(3) 우리 반 이란성 쌍둥이 친구들은 외모는 다르지만 목소리가 (흡사하다 / 상이하다).

(4) 내 키가 훌쩍 자라 어느새 엄마랑 (일정하다 / 비등하다).

3 다음 글의 빈칸에 들어갈 사자성어로 알맞은 것은 무엇인가요?

내 친구들은 모두 활발하고 활동적이다. 쉬는 시간에 도서관에 가는 것보다 잠깐이라도 운동장에 나가 뛰어노는 것을 더 좋아한다. 친구들과 스마트폰으로 성격 검사를 해 보았더니 역시나 모두 외향적인 성격이라고 나왔다. _____이라는 사자성어가 생각났다. 그러고 보니 내 주변엔 내성적인 친구가 별로 없다.

① 난형난제   ② 형설지공   ③ 죽마고우   ④ 종두득두   ⑤ 유유상종

낱말 확인하기

오늘 배운 낱말을 넣어 나만의 짧은 문장을 써 보세요.

유래 :

유사하다 :

낱말이해하기

23일차 복습 [유래/유사하다] 낱말을 설명해 보세요.

47 | 유용성 有用性 명사

쓸모가 있고 이용할 만한 특성

㉄ 상대방과 의사소통을 할 때 언어의 유용성은 매우 크다.

48 | 유의 留意 명사

마음에 새겨 두어 조심하며 관심을 가짐

㉄ 안전에 대한 유의는 아무리 강조해도 지나치지 않다.

낱 말 넓 히 기

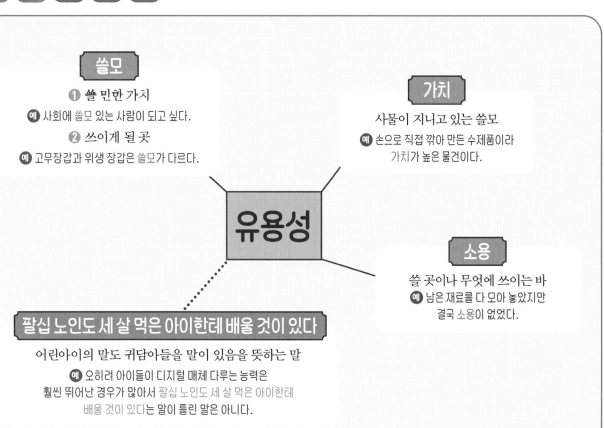

쓸모

① 쓸 민한 가치
예 사회에 쓸모 있는 사람이 되고 싶다.
② 쓰이게 될 곳
예 고무장갑과 위생 장갑은 쓸모가 다르다.

가치

사물이 지니고 있는 쓸모
예 손으로 직접 깎아 만든 수제품이라
가치가 높은 물건이다.

유용성

소용

쓸 곳이나 무엇에 쓰이는 바
예 남은 재료를 다 모아 놓았지만
결국 소용이 없었다.

팔십 노인도 세 살 먹은 아이한테 배울 것이 있다

어린아이의 말도 귀담아들을 말이 있음을 뜻하는 말
예 오히려 아이들이 디지털 매체 다루는 능력은
훨씬 뛰어난 경우가 많아서 팔십 노인도 세 살 먹은 아이한테
배울 것이 있다는 말이 틀린 말은 아니다.

유념

잊거나 소홀히 하지 않도록
마음속에 깊이 새기고 생각함
예 말씀해 주신 내용을 유념하여
작업하겠습니다.

유의

주의

① 마음에 새겨 두고 조심함
예 모퉁이 끝에 사나운 개가 있으니
주의하세요.
**② 어떤 한 가지에 관심을
집중하여 기울임**
예 이 학생은 수업 시간에 주의가
산만한 편입니다.
③ 경고나 충고로 일깨움
예 선생님께 주의를 받아서 속상하다.

조심

잘못이나 실수가 없도록 말이나
행동에 주의를 기울임
예 날씨가 건조해지면 등산할 때
산불을 더욱 조심해야 한다.

낱말과 교과

※ 글을 읽으면서 모르는 낱말이 나오면 밑줄 긋고, 사전에서 뜻을 찾아 써 보세요.

과학 4학년 1학기

핵심 개념 혼합물의 분리

혼합물의 분리 원리를 활용하여 일상생활에서 사용하는 마스크를 설계할 수 있습니다. 미세 먼지, 바이러스 등을 걸러 낼 수 있도록 마스크 필터를 만드는 것입니다. 마스크의 모양도 얼굴 표면과 완전하게 밀착될 수 있도록 디자인하면 유용성을 더욱 높일 수 있습니다.

내 어휘 더하기		

과학 6학년 1학기

핵심 개념 볼록 렌즈

볼록 렌즈는 물체의 모습을 확대하는 특징이 있습니다. 작은 물체나 멀리 있는 물체를 자세히 관찰해야 할 때 유용성 좋은 큰 볼록 렌즈를 사용합니다. 의료용 확대경은 맨눈으로 잘 보이지 않는 부분을 볼 수 있도록 해 주고, 돋보기 안경은 보이지 않는 글씨를 볼 수 있도록 해 줍니다.

내 어휘 더하기		

국어 5학년 1학기

핵심 개념 조언하는 말하기

상대에게 조언할 때에는 상대를 배려하는 것이 중요합니다. 친구에게 조언을 할 때 유의 사항은 친구에게 고민을 말하도록 강요하지 않아야 한다는 점입니다. 친구가 편안하게 말할 수 있도록 경청하는 자세를 가지고 대화를 나눕니다.

내 어휘 더하기		

사회 5학년 1학기

핵심 개념 사진 업로드 시 유의점

친구가 인터넷에 나와 함께 찍은 사진을 허락 없이 올렸다면 이것은 개인의 인권이 침해당한 상황입니다. 친구와 함께 찍은 사진을 온라인상에 올릴 때에는 반드시 친구에게 먼저 이야기를 하고 허락을 받은 후 올려야 함에 유의해야 합니다.

내 어휘 더하기		

낱말 익히기

1 다음 빈칸에 들어갈 알맞은 낱말을 초성을 이용해 쓰세요.

(1) 체육

심폐소생술이란 갑자기 심장 마비 상태나 호흡 곤란 상황에 처했을 때 지점 심장을 압박하여 산소가 공급되도록 도와주는 데에 □ ㅇ ㅅ 이 높은 응급 처치 방법입니다. 특히 골든 타임 4분 이내로 심폐소생술을 실시하는 것이 중요합니다.

(2) 과학+체육

지진은 땅이 끊어지면서 흔들리는 현상입니다. 지구 내부에서 작용하는 힘을 받아 일어나게 되는데 지진이 발생했을 때에는 책상이나 식탁 밑으로 빠르게 대피해야 합니다. 진동이 멈추었을 때 안전에 ㅇ ㅇ 하며 계단을 이용해 건물 밖으로 빠져나갑니다.

(1) _____   (2) _____

2 다음 문장의 빈칸에 들어갈 알맞은 낱말을 찾아 선으로 이으세요.

(1) 휴대폰에 친구들 전화번호를 저장해 두면 되니까 전화번호를 적어 두던 수첩이 이제는 _____ 없어졌어. •   • ㉠ 유념

(2) 내 방 탁상시계는 우리 엄마가 20년 전부터 사용하시던 물건이라 내게는 매우 _____ 있는 물건이야. •   • ㉡ 쓸모

(3) 오늘 가르침을 _____하여 친구와 갈등이 생겼을 때 잘 해결하겠습니다. •   • ㉢ 조심

(4) 친한 사이일수록 상처가 되지 않도록 말을 _____해야 합니다. •   • ㉣ 가치

3 다음 대화의 빈칸에 공통으로 들어갈 낱말은 무엇인가요?

민우 놀이터 의자를 새로 페인트칠 했대. 혹시 모르니 놀이터 가면 _____해.
효준 내가 그 정도로 _____가 산만한 사람은 아니야. 설마 거기 앉겠어?
지현 전에 가게에서 의자인 줄 알고 앉아서 작은 테이블 하나 부서트렸잖아. 그래서 아빠한테 _____받고!

① 유념   ② 조심   ③ 주의   ④ 생각   ⑤ 유효

낱말 확인하기
오늘 배운 낱말을 넣어 나만의 짧은 문장을 써 보세요.

유용성 :

유의 :

낱말 이해하기

49 | 유출 流出

명사

1 액체 등이 밖으로 흘러 나가거나 흘려 내보냄

예 기름 유출로 바다가 오염된 적이 있었다.

2 중요한 물건이나 정보 등이 불법적으로 외부로 새어 나감

예 수학 시험지 유출 사건은 충격적이었다.

50 | 의아 疑訝

명사

의심스럽고 이상하게 여겨짐

예 갑자기 어제와 다른 말을 하는 윤희에게 의아의 마음을 품을 수밖에 없었다.

낱 말 넓 히 기

누출(= 누설)

❶ 액체나 기체 등이 밖으로 새어 나옴
  예 정기적인 가스 밸브 점검으로
  가스 누출을 예방하고 있다.
❷ 비밀이나 정보 등이 외부에 알려짐
  예 개인 신상 정보의 누출로
  제2의 피해가 발생했다.

배출

안에서 밖으로 밀어 내보냄
예 땀을 통해 우리 몸의 노폐물이
배출되기도 한다.

유입

❶ 액체나 기체, 열 등이 어떤 곳으로 흘러듦
  예 오염된 물이 다시 지하수로 유입된다면 큰일이다.
❷ 돈이나 물건 등의 재화가 들어옴
  예 종종 마약 유입에 관련된 뉴스가 보도된다.
❸ 문화, 지식, 사상 등이 들어옴
  예 다른 나라의 문화가 유입되면서 다문화에
  대한 인식이 확장되었다.
❹ 사람이 어떤 곳으로 모여듦
  예 수도권 유입 인구는 해가 갈수록 늘고 있다.
❺ 병원균 등이 들어옴
  예 가축과 관련된 전염병이 돌면 마을마다
  전염병 유입을 막기 위해 다양한 노력을 한다.

유출 ↔

반출

물건 등을 옮겨서 밖으로 꺼냄
예 차로 운반하여 배에 싣는 반출 완료까지 2시간이 걸린다.

의문

의심스럽게 생각함. 또는 그런 문제나 사실
예 설명이 끝나자 한 사람이 의문을 제기했다.

의심

확실히 알 수 없어서 믿지 못하는 마음
예 그 장소에 있었다고 의심을 받게 된 것이다.

의문에 붙이다

해결되지 않은 문제가 있는 상태로
그대로 둠
예 경찰은 옆집 아저씨가 갑자기 사라진 것에 대해
의문에 붙이고 수사를 계속해 나갔다.

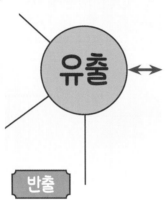

의아

의혹

의심하여 수상하게 여김. 또는 그런 마음
예 아무리 생각해 봐도 개운하지 않아서
의혹을 품게 되었다.

오리무중

(五里霧中 오 리나 되는 짙은 안개 속에
있음)
어떤 일에 대하여 방향이나 갈피를 잡을 수
없을 때를 이르는 말
예 더 이상 실마리가 보이지 않고 사건은
오리무중에 빠졌다.

열 길 물속은 알아도 한 길 사람의 속은 모른다

사람의 속마음이 무엇인지 정확히 아는 것이
어려울 때 쓰는 말
예 분명 반대하실 거라고 생각했는데 열 길 물속은 알아도
한 길 사람의 속은 모른다더니, 오늘 갑자기 마음을 바꾸셔서
허락해 주시니까 너무 의아했다.

낱말과교과

※ 글을 읽으면서 모르는 낱말이 나오면 밑줄 긋고, 사전에서 뜻을 찾아 써 보세요.

도덕 4학년 2학기
핵심 개념 **자원봉사**

유조선 충돌 사고로 태안 바다에 기름이 유출되어 양식장과 여러 바다 생물이 큰 피해를 입은 적이 있었습니다. 그 당시 많은 시민이 사고 현장을 직접 방문해 바다 기름 제거를 위한 자원봉사 활동에 적극적으로 참여하였습니다.

내 어휘 더하기		

도덕 5학년 2학기
핵심 개념 **개인 정보 유출**

개인을 구별해 알아볼 수 있는 정보를 '개인 정보'라고 합니다. 이름, 전화번호, 주소 등이 그 예입니다. 자신의 개인 정보가 유출되면 범죄에 사용될 수 있으므로 개인 정보가 유출되지 않도록 주의해야 합니다.

내 어휘 더하기		

사회 5학년 2학기
핵심 개념 **대한 제국 수립**

고종이 경복궁이 아닌 경운궁으로 돌아온 것에 대해 의아해하는 사람들이 있었습니다. 그러나 경운궁 주변에는 러시아 공사관을 비롯한 여러 외국 공사관이 있었고, 이러한 점은 혹시 모를 위기 상황에서 서양 각국의 도움을 받을 수 있다는 장점이 있었습니다. 고종은 경운궁으로 돌아와 환구단에서 황제로 즉위하고 대한 제국 수립을 선포했습니다.

내 어휘 더하기		

과학 6학년 1학기
핵심 개념 **기체의 부피**

열기구의 모습을 떠올려 봅시다. 열기구 풍선 속에 공기를 넣고 가열했을 때 풍선이 터져서 쪼그라들지 않는 점을 의아하게 생각할 수 있습니다. 이는 온도가 높아지면 공기의 부피가 커져서 풍선이 부풀게 되는 원리 때문입니다.

내 어휘 더하기		

낱말익히기

1 다음 빈칸에 들어갈 알맞은 낱말을 초성을 이용해 쓰세요.

(1) 사회

온라인상에서 개인 정보 ㄴ ㅊ 문제가 송송 발생하고 있습니다. 표적이 되는 대상자의 개인 정보를 집중적으로 알아내어 온라인에 공개하는 '신상 털기' 형식으로 나타나기도 합니다.

(2) 체육

국제 경기에서 심판의 결정이 탐탁지 않아 ㅇ ㅇ 한 마음으로 경기를 지켜봐야 하는 상황들이 있습니다. 비디오 판독 기술이 날로 발달해 가고 있으므로 다양한 각도에서 경기를 재확인하여 보다 공정한 판정이 이루어지는 국제 경기를 기대해 봅니다.

(1) _____ (2) _____

2 다음 낱말의 알맞은 뜻을 찾아 선으로 이으세요.

(1) 누출 •   • ㉠ 안에서 밖으로 밀어 내보냄

(2) 배출 •   • ㉡ 의심하여 수상하게 여김

(3) 의문 •   • ㉢ 액체나 기체 등이 밖으로 새어 나옴

(4) 의혹 •   • ㉣ 의심스럽게 생각함

3 다음 대화에서 낱말이나 표현을 잘못 사용한 사람은 누구인지 쓰세요. (   )

가현 내가 아껴 두었던 초콜릿이 냉장고에서 없어졌어. 난 동생에게 의혹을 품고 있지!
성윤 왜? 이상한 낌새라도 있었어? 동생을 의심하게 된 까닭은?
지희 궁금하다. 어떤 점을 의아하게 생각한 거야?
세현 그러게. 동생 입에 초콜릿이라도 묻어 있었으면 모를까. 의문스러운 점이 있었어?
가현 며칠 전부터 계속 나한테 물었었거든. 먹어도 되냐고……. 초콜릿 가져갔냐고 물으니 아니라고만 대답하고. 오리무중 상태야.
승우 열 길 물속은 알아도 한 길 사람 속은 모른다잖아. 아니라고 대답한 걸 보면 진짜 가져가지 않은 것 같아.

낱말확인하기 오늘 배운 낱말을 넣어 나만의 짧은 문장을 써 보세요.

유출 :

의아 :

첫째마당 **진짜? 가짜!**

※ 낱말에 대한 설명이 알맞으면 ○표, 알맞지 않으면 ×표 하세요. (가짜 1개)

---

41 | 요인 ✏ ○

사물이나 사건이 성립되는 원인이나 조건

---

42 | 근거

어떤 일의 뿌리가 되는 중요한 지점
어떤 일이나 판단, 주장 등이 나오게 된
바탕이나 까닭

---

43 | 유기적

전체를 이루고 있는 각 부분이 서로 밀접하게
관계를 맺고 있어서 떼어 낼 수 없는 것

---

44 | 유대감

서로 아주 가깝게 연결되어 있는 것처럼
통하는 느낌

---

45 | 유래

어떤 것이 생겨남
어떤 것이 생겨난 바

---

46 | 유사하다

유치하거나 사사롭다.

---

47 | 유용성

쓸모가 있고 이용할 만한 특성

---

48 | 유의

마음에 새겨 두어 조심하며 관심을 가짐

---

49 | 유출

액체 등이 밖으로 흘러 나가거나 흘려 내보냄
중요한 물건이나 정보 등이 불법적으로
외부로 새어 나감

---

50 | 의아

의심스럽고 이상하게 여겨짐

십자말 풀이표의 칸 안에 표시: ㉠, ①, ②, ⑤/㉣, ㉡, ③, ④, ㉢, 하, ⑥, ⑧/㉦, ㉤, ⑦/㉥

가로 열쇠

㉠ 어떤 일이나 행동을 일으키게 하는 계기
㉡ 사물이나 일 등의 기본이 되는 것
㉢ 거의 비슷하거나 같다.
㉣ 쓸 곳이나 무엇에 쓰이는 바
㉤ 겉으로는 비슷하나 속은 완전히 다름. 또는 그런 것
㉥ 액체나 기체, 열 등이 어떤 곳으로 흘러듦
㉦ 의심스럽게 생각함. 또는 그런 문제나 사실

세로 열쇠

① 기초가 되는 바탕이나 사물의 토대
② 어떤 일이 일어나거나 변화하게 만드는 결정적인 원인이나 기회
③ 비슷한 무리끼리 서로 사귐
④ 크기나 모양 등이 아주 똑같지는 않지만 전체적 또는 부분적으로 일치하는 점이 많은 상태에 있다.
⑤ 자신이 어떤 집단에 소속되어 있다는 느낌
⑥ 거의 같을 정도로 비슷하다.
⑦ 잊거나 소홀히 하지 않도록 마음속에 깊이 새기고 생각함
⑧ 의심하여 수상하게 여김. 또는 그런 마음

6주차

다음 중 아는 낱말에 V 표시해 보세요.

- 불가피하다
- 인상적
- 인위적
- 일률적
- 자주
- 작용
- 적법
- 제시
- 조절
- 종속

낱 말 이 해 하 기

25일차 복습 [유출/의아] 낱말을 설명해 보세요.

51 | 불가피하다 不可避하다 〔형용사〕

피할 수 없다.

예 우리 농산품과 해외 여러 나라의 농산품 경쟁은 불가피하다.

52 | 인상적 印象的 〔명사〕

어떤 상대에 대해 마음속에 드는 느낌이 강하게 남는 것

예 신인 배우라는데 연기가 정말 인상적이어서 강렬하게 기억에 남아.

낱말 넓히기

부득이하다
마지못하여 할 수 없다.
예 죄송하지만 부득이한 사정으로 참석하지 못하게 되었습니다.

마지못하다
마음이 내키지는 않지만 사정에 따라 그렇게 하지 않을 수 없다.
예 간곡히 부탁하는 사정이 딱해서 마지못해 들어주었다.

불가피하다

여지없다
달리 어찌할 방법이나 가능성이 없다.
예 게임을 하게 해 달라고 말씀드렸지만 여지없이 거절당했다.

필요하다
반드시 필요에 의해 청해지는 바가 있다.
예 지금 나에게는 무엇보다 휴식이 필요하다.

감명적
크게 감동하여 마음에 깊이 새겨지는 것
예 어려운 난관을 이겨 내며 목표를 이루는 주인공의 인생이 정말 감명적이다.

눈에 밟히다
잊히지 않고 자꾸 눈에 떠오르다.
예 미술관에서 본 그림이 자꾸 눈에 밟혀서 내일 다시 미술관에 갈 예정이야.

인상적

Tip 인상(印象)
어떤 것을 접했을 때 그것이 마음속에 새겨지는 느낌이나 작용
예 새 학년에 올라와 처음 만나는 친구들이라서 좋은 인상을 주고 싶었다.
유 **감명** 크게 감동해서 마음에 깊이 새김. 또는 그 새겨진 느낌
　예 선생님의 말씀에 큰 감명을 받았다.
유 **각인** 머릿속에 새겨 넣듯 깊이 기억됨. 또는 그 기억
　예 그 장면이 각인이 되었는지 좀처럼 지워지지 않는다.
유 **감** 어떤 것에 대한 반응인 느낌이나 생각
　예 풍랑주의보가 내리기도 했고, 여러 가지로 감이 좋지 않아서 쉬기로 했다.

낱말과교과

※ 글을 읽으면서 모르는 낱말이 나오면 밑줄 긋고, 사전에서 뜻을 찾아 써 보세요.

국어 4학년 1학기
핵심 개념 회의 규칙

회의 참여자는 사회자의 허락을 얻은 다음 말을 해야 합니다. 회의를 하다 보면 의견이 다른 친구와 불가피하게 대립적인 위치에 놓일 수 있습니다. 이때 자신의 의견만 옳다고 주장해서는 안 되며 다른 사람의 의견을 존중하는 태도를 가져야 합니다. 다른 사람이 의견을 말할 때에는 끼어들지 않고 끝까지 경청합니다.

내 어휘 더하기		

도덕 5학년 1학기
핵심 개념 갈등 해결

갈등은 대화로 해결해야 합니다. 갈등 상황이 불가피하게 깊어졌을 때에는 대화의 방법에 더욱 신경을 써야 합니다. 갈등을 해결하기 위해 친구와 대화할 때에는 하던 일을 잠시 멈추고, 친구가 하는 말을 먼저 듣습니다. 그리고 난 후 따뜻한 태도로 친구의 말에 맞장구를 쳐 주거나 하고 싶은 말을 이어 나갑니다.

내 어휘 더하기		

국어 4학년 2학기
핵심 개념 만화 영화 감상하기

만화 영화를 보기 전 광고 영상이나 홍보지 등을 통해 어떤 내용일지 짐작해 보면 실제 만화 영화를 감상할 때 더욱 재미있게 감상할 수 있습니다. 가장 인상적인 장면에 대한 기록을 감상문으로 남겨 두면 영화에 대한 생각과 느낌을 더욱 오래 기억할 수 있으므로 만화 영화를 다 본 후에는 소감을 기록으로 남겨 둡니다.

내 어휘 더하기		

국어 5학년 1학기
핵심 개념 경험을 떠올리며 작품 읽기

책이나 영상에서 인상적이었던 내용을 떠올리며 문학 작품을 읽으면 더욱 실감 나게 글을 읽을 수 있습니다. 책과 영상을 통해 접했던 경험이 바탕이 되어 내용을 더 쉽게 이해할 수 있고, 더 생생하게 느낄 수 있기 때문입니다.

내 어휘 더하기		

낱말익히기

1 다음 빈칸에 들어갈 알맞은 낱말을 초성을 이용해 쓰세요.

(1) 과학+체육 융합

너무 여름철 ㅂ ㄱ ㅍ 하게 에어컨을 사용하게 된다면, 우리의 건강을 지키는 측면에서 지켜야 할 수칙이 있습니다. 창문을 닫고 에어컨을 사용하되 2시간마다 1회 이상 환기를 하는 것입니다. 적절한 환기로 공기의 순환이 이루어지도록 하는 것이 건강에 도움이 됩니다.

(2) 미술

빈센트 반 고흐의 <별이 빛나는 밤>은 사람들에게 널리 알려진 작품입니다. <별이 빛나는 밤>은 고흐가 요양원에 있을 때 그린 그림으로 병실 밖으로 보이는 밤 풍경에 상상을 더하여 하늘을 굽이치는 모습으로 표현한 것이 매우 ㅇ ㅅ ㅈ 입니다.

(1) _____   (2) _____

2 다음 빈칸에 들어갈 알맞은 낱말을 <보기>에서 찾아 쓰세요(한 번씩만 쓸 수 있습니다).

<보기>   **부득이하게   마지못해   여지없이   필요하니**

(1) 기분이 좋은 상태는 아니었지만 (   ) 응하였다.
(2) 독감에 걸려서 (   ) 결석하게 되었습니다.
(3) 너에게는 하찮은 물건이지만 나에게는 (   ) 버리지 말아 줘.
(4) 형이 쏜 화살은 (   ) 과녁에 맞았다.

3 다음 대화 상황에 어울리는 관용 표현으로 알맞은 것은 무엇인가요?

서연 우리 집 고양이가 새끼를 낳았는데 너무 귀여워서 자꾸 생각나.
다희 얼마나 귀여울까? 부럽다. 나도 고양이 기르고 싶어. 너 지금도 고양이 생각하고 있지?
서연 응. 오늘 아침에 앞발로 얼굴을 비비는 모습을 보고 왔거든.

① 눈이 높다   ② 눈을 끌다   ③ 눈에 밟히다   ④ 눈을 돌리다   ⑤ 눈에 불을 켜다

낱말확인하기

오늘 배운 낱말을 넣어 나만의 짧은 문장을 써 보세요.

불가피하다 :

인상적 :

낱 말 이 해 하 기

26일차 복습 [불가피하다/인상적] 낱말을 설명해 보세요.

53 | 인위적 人爲的 명사

자연의 힘이 아닌 사람의 힘으로 만들어지는 것

예 이 덩굴은 인위적으로 만들어진 덩굴이다.

54 | 일률적 一律的 명사

태도나 방식 등이 처음부터 끝까지 변함없이 같은 것

예 학생마다 성장 정도가 다른데 일률적인 평가 방식은 문제가 있다.

낱말넓히기

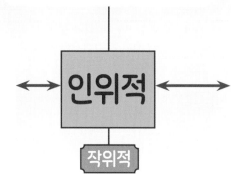

인공적

사람의 힘으로 만드는 것

예 인공적이지만 그 나름의 아름다움이 있지.

자연적

❶ 사람의 영향력이 가해지지 않은
자연 그대로의 모습을 지닌 것

예 그 숲은 놀라울 만큼
자연적인 상태 그대로였다.

❷ 자연법칙에 따르는 것

예 겨울이 가고 봄이 오는 것은
자연적인 현상이다.

❸ 당연히 그렇게 되는 것

예 이산화탄소 배출을 줄이지 않으면
자연적으로 환경 오염 문제가 심해진다.

❹ 특별히 노력하지 않아도
저절로 되는 것

예 구구단 외우는 것이 어려웠던 때가
있었는데 어느새 자연적으로 외워졌다.

천연적

사람의 힘을 가하지 않은
자연 그대로인 것

예 오랜 세월 동안 천연적으로
생겨난 사람 모양의 기이한
바위가 있다.

인위적

작위적

일부러 꾸며서 하는 것이 뚜렷하게
눈에 띄는 것

예 갑자기 눈물을 흘리는 것이 짜인 대본처럼
작위적으로 보였다.

획일적

모두가 한결같아서 다름이 없는 것

예 학교 교육은 더 이상 획일적이지 않습니다.

규칙적

일정한 질서가 있거나
규칙을 따르는 것

예 방학에도 규칙적으로 생활하기 바랍니다.

Tip 무차별적

다른 특징이나 수준에 따라
구별하지 않는 것

예 오래전엔 머리가 긴 남자들을 대상으로
무차별적으로 단속을 했다고 한다.

일률적

Tip 기계적

❶ 생각이나 행동 등이 정확하고
규칙적인 것

예 작업이 익숙해져서 기계적으로 일을 마무리
할 수 있었다.

❷ 자기 의지 없이 수동적으로 하는 것

예 모든 것이 다 귀찮다는 듯 기계적인 답변만
들려왔다.

예외적

일반적이거나 정해진 규칙에서
벗어나는 것

예 한파 없이 겨울이 지나가는 것은
예외적인 일이다.

천편일률

(千篇一律)

여럿이 개성 없이 모두 비슷한 것을 비유적으로 이르는 말

예 그 운동화가 유행인지 모인 사람 모두가 천편일률적으로 그 운동화를 신고 있었다.

낱말과교과

※ 글을 읽으면서 모르는 낱말이 나오면 밑줄 긋고, 사전에서 뜻을 찾아 써 보세요.

국어 4학년 2학기   핵심 개념 **자신의 의견 제시하기**

댐은 사람이 인위적으로 만든 것입니다. 그 과정에서 숲에 사는 동물들이 위협을 받기도 하고, 기존에 살던 삶의 터전에서 이사를 가야 하는 주민들이 발생하기도 합니다. 이런 내용을 근거로 들어 댐 건설을 반대하는 의견을 제시할 수 있습니다.

내 어휘 더하기		

사회 4학년 2학기   핵심 개념 **도시 개발**

새로운 도시를 개발하면 사람들이 편안하게 생활할 수 있도록 주변에 공원을 함께 조성합니다. 도시 개발과 함께 조성된 인위적인 공원이라고 할지라도 사람들은 공원에서 쉼과 여유를 얻고 생활의 활력을 찾습니다. 따라서 주변에 공원이나 편의 시설이 잘 갖추어진 곳이 주거지로 각광을 받고 있습니다.

내 어휘 더하기		

사회 5학년 1학기   핵심 개념 **헌법의 적용**

헌법은 우리 국민의 인권을 보장하는 역할을 합니다. 헌법은 일상생활에서 일어날 수 있는 인권 문제를 판단하는 기준이 되는데 그 기준은 우리나라 국민이라면 누구에게나 일률적으로 적용됩니다.

내 어휘 더하기		

과학 5학년 1학기   핵심 개념 **용해**

온도와 양이 같은 각각의 컵에 담긴 물에 같은 양의 소금과 설탕을 일률적으로 넣어 녹여 봅니다. 이때 용해된 양이 각각 다르다는 결과가 나타납니다. 이를 통하여 소금이나 설탕 같은 용질의 종류에 따라 물에 용해되는 양이 서로 다르다는 것을 알 수 있습니다.

내 어휘 더하기		

낱말익히기

1 다음 빈칸에 들어갈 알맞은 낱말을 초성을 이용해 쓰세요.

(1) 과학

빛이 거울에 부딪치면 거울에서 빛의 방향을 바꾸어 나아갑니다. 이것을 빛의 반사라고 합니다. 거울을 여러 개 사용하여 ⟨ ㅇ ㅇ ㅈ ⟩으로 빛이 반사되는 각도를 조정할 수 있고, 이것을 통하여 보이지 않는 부분을 볼 수 있게 만들 수 있습니다. 거울 두 개로 뒷모습을 확인할 수 있는 것이 그 예입니다.

(2) 도덕+사회 융합

학교에서 우리는 전교 임원 선거나 학급 임원 선거를 통해서 투표에 참여하게 됩니다. 투표는 일상생활에서 우리가 정치에 참여하는 예입니다. 우리 학급 구성원이라면, 우리 학교 학생이라면 누구에게나 ⟨ ㅇ ㄹ ㅈ ⟩으로 투표할 권리가 주어집니다.

(1) _____ (2) _____

2 다음 문장을 읽고, 괄호 안에서 알맞은 낱말을 골라 ○표 하세요.

(1) (인공적 / 자연적)으로 만들어 놓은 폭포가 유명한 포토존이 되었다.

(2) 숨겨 놓은 보물이 (자연적 / 작위적)이어서 금방 찾았다.

(3) 무리가 모두 (획일적 / 무차별적)인 모습이어서 사람을 찾기가 어려웠다.

(4) 그 학생의 대답이 (기계적 / 예외적)이라 미리 입력된 로봇의 답변 같았다.

3 다음 글의 빈칸에 들어갈 사자성어로 알맞은 것은 무엇인가요?

논술 시험은 생각하는 힘을 평가하는 시험입니다. 그런데 생각하는 힘조차 사교육 시장에서 다양한 학원을 통해 길러지고 있는 실정입니다. 주요 주제에 대해 글로 쓰는 연습을 획일적으로 하다 보면 글쓰기가 생각하는 힘을 보여 주기보다는 기계적으로 암기한 내용을 베껴 써 내는 형식의 시험으로 전락할 수 있습니다. _____적인 답안지는 평가의 본래 목적을 달성한다고 보기 어렵습니다.

① 임기응변   ② 천편일률   ③ 심사숙고   ④ 대기만성   ⑤ 작심삼일

낱말확인하기
오늘 배운 낱말을 넣어 나만의 짧은 문장을 써 보세요.

인위적 :

일률적 :

낱말이해하기

27일차 복습 [인위적/일률적] 낱말을 설명해 보세요.

55 | 자주 自主 명사

남의 보호나 간섭 없이 자기 일을 스스로 처리함

예 우리는 자주 민족이다.

56 | 작용 作用 명사

어떠한 현상을 일으키거나 영향을 미침

예 흡연이 건강에 미치는 부정적인 작용은 여러 가지이다.

낱말넓히기

독립

다른 것의 지배 아래 있거나
의존하지 않는 상태로 됨

예 우리 오빠는 독립적인 성격이라
간섭받는 것을 싫어한다.

자립

남의 지배하에 있거나 의지하지
않고 스스로 섬

예 취직한 후 자립하기로 약속하였다.

자율

남의 지배나 구속을 받지 않고
자기 스스로의 원칙에 따라
어떤 일을 하는 것

예 선생님께서 우리 스스로
결정할 수 있도록 자율에 맡기셨어.

자발

남이 시키지도 않았는데 자기 스스로
나아가 행동함

예 이번 주 배식 당번에
자발적으로 지원했다.

자주

기능

1 하는 역할

예 이 볼펜은 기능이 다양하다.

2 어떤 사람이나 기관 등이 일정한
분야에서 하는 특수한 역할과 작용

예 학급 임원의 기능을 강화해야 한다.

활동

1 몸을 움직여 행동함

예 체육 시간에 발목을 다쳐서
오늘은 활동하기가 어렵다.

2 어떤 일의 성과를 거두기
위하여 힘씀

예 오늘 5교시에는 교내 쓰레기를 주우며
봉사 활동을 할 예정입니다.

기제

인간의 행동에 영향을 미치는
마음과 의식의 작용이나 원리

예 힘든 일이 있을 때 그것을 극복하는
기제가 있다면 이겨 내는 데 도움이 된다.

영향

어떤 것의 효과나 작용이
다른 것의 상태에도 미치는 일

예 5학년 담임 선생님께서 국악을 좋아하셨는데
쉬는 시간마다 들려주셨던 국악이 내가
어른이 되어서 취미 생활을 정하는 데에
큰 영향을 끼쳤어.

작용

낱말과교과

※ 글을 읽으면서 모르는 낱말이 나오면 밑줄 긋고, 사전에서 뜻을 찾아 써 보세요.

사회 5학년 2학기 　　　　　　　　　　　　　　　　　　　　　　　　　 **핵심 개념** 독립신문

서재필은 『독립신문』을 발간하여 국민들을 계몽하는 데 이바지하였습니다. 독립신문에 나라 안팎의 소식을 담아 국민들이 자주 독립의 필요성을 깨우칠 수 있도록 하였습니다.

내 어휘 더하기		

도덕 6학년 1학기 　　　　　　　　　　　　　　　　　　　　　　　　　 **핵심 개념** 자주적인 생활

자신을 이해하고 존중하는 것은 자주적인 생활의 바탕이 됩니다. 자신을 소중히 여기고 문제가 생겼을 때 자신을 믿고 문제를 해결하기 위해 노력하며 스스로의 발전에 대해 관심을 가지는 태도가 중요합니다.

내 어휘 더하기		

과학 4학년 1학기 　　　　　　　　　　　　　　　　　　　　　 **핵심 개념** 퇴적암이 만들어지는 과정

자갈, 모래, 진흙 등의 퇴적물이 퇴적 작용에 의해 쌓일수록 아랫부분의 퇴적물이 점점 눌리게 되고 퇴적물 알갱이 사이가 좁아지게 됩니다. 시간이 더 지나 여러 물질이 퇴적물 알갱이들을 서로 붙게 만들고, 단단하게 굳어져 지층을 이루면 퇴적암이 됩니다.

내 어휘 더하기		

사회 4학년 2학기 　　　　　　　　　　　　　　　　　　　　　　　　　　　 **핵심 개념** 소비

생산한 것을 구매하여 사용하는 것을 '소비'라고 합니다. 경제 상황이 좋아지면 사람들의 소비 심리가 작용하여 실제 소비가 늘어나게 됩니다. 친환경적인 소비가 늘어날수록 기업들은 친환경적인 상품을 생산하기 위해 노력하게 됩니다.

내 어휘 더하기		

낱말익히기

1 다음 빈칸에 들어갈 알맞은 낱말을 초성을 이용해 쓰세요.

(1) 도덕

[ㅈ ㅈ]적인 삶을 살기 위해서는 자신이 스스로 목표를 주체적으로 정하는 것이 필요합니다. 목표를 실천하기 위해 실천 의지를 다지고 적극적인 생활 태도를 갖도록 노력하는 것이 중요합니다.

(2) 체육

달리기를 하기 전에 준비 운동을 하는 것은 혈액 순환이 잘되도록 신체를 준비하는 것과 같습니다. 준비 운동은 산소와 영양소가 온몸에 빠르게 운반되도록 하는 데에 긍정적으로 [ㅈ ㅇ]합니다.

(1) _____   (2) _____

2 다음 문장의 빈칸에 들어갈 알맞은 낱말을 찾아 선으로 이으세요.

(1) 스스로 해냈을 때 얻는 보람이 얼마나 큰지 느껴 보렴. 이번 시험 준비는 너의 _____에 맡길게. ● ● ㉠ 자립

(2) 네가 스스로 할 수 있는 부분을 조금씩 늘려 가는 것이 너의 _____에 도움이 될 거야. ● ● ㉡ 자율

(3) 억울한 일이 자꾸 반복되니 조금의 일만 생겨도 가슴이 답답하고 그 일을 피하고 싶은 _____가 작동해. ● ● ㉢ 기제

(4) 마지막 시험은 점심시간 바로 전이라서 배도 고프고 집중도 안 되었어. 이런 부정적인 _____으로 오답률이 높아졌어. ● ● ㉣ 영향

3 다음 대화의 빈칸에 공통으로 들어갈 낱말은 무엇인가요?

주리 할머니께 시계를 선물하려고 해. 알람은 기본, 심박수 측정까지 해 주는 다양한 _____의 시계야.

가온 할머니랑 함께 살게 되더니 집안에서 건강 지킴이 역할을 하는구나! 건강 지킴이의 _____을 강화하는 측면에서 동생도 살펴 줘. 지금 이 비를 다 맞으며 운동장에서 축구하고 있더라. 감기 걸릴 것 같아.

① 기능　　　　② 기발　　　　③ 기제　　　　④ 영향　　　　⑤ 의식

낱말확인하기

오늘 배운 낱말을 넣어 나만의 짧은 문장을 써 보세요.

자주 :

작용 :

낱말이해하기

28일차 복습 [자주/작용] 낱말을 설명해 보세요.

57 | 적법 適法 명사

정해진 법 규정에 맞음
알맞은 법

예 놀이터를 새로 만들기 위해 적법 절차에 따라 진행하였습니다.

58 | 제시 提示 명사

❶ 어떤 생각을 말이나 글로 나타내어 보임

예 휠체어를 탄 학생이 체육관에 올라갈 수 있는 방법 제시가 필요하다.

❷ 검사나 검열 등의 목적을 위해 물건을 물품을 내어 보임

예 미성년자 확인을 위해 신분증 제시가 필수적이다.

낱말넓히기

유효
법률적 행위가 당사자나 법률이
의누하 본래의 효과가 있음
⟨예⟩ 이 교통카드는 초등학생에게만
유효한 카드이다.

합법
법률과 명령, 규범 등에 맞음
⟨예⟩ 다수결로 정했다고 해서 모두
합법은 아니다.

법 없이 살다
마음이 곧고 착하여 법의 규제가 없어도
나쁜 짓을 하지 않는다는 의미의 말
⟨예⟩ 그는 내가 신뢰하는 사람인데 법 없이 살 사람이야.

적법

불법
법에 어긋남
⟨예⟩ 갑짓 ㄴㅋ르면 지둥적으로 연결되이시
불법 다운로드가 이루어지니 조심해.

위법
법률이나 명령 등을 어김
⟨예⟩ 나라마다 위법에 대한 기준이 다르므로
해외 여행을 떠나기 전에 확인해 두면 좋다.

주먹은 가깝고 법은 멀다
억울한 일이 있을 때 이치를 먼저 생각해보고
행동하기보다 상대를 주먹으로 먼저 해치운다는 말
⟨예⟩ 주먹은 가깝고 법은 멀다더니 여기서 장사를 하면 안 된다며
다짜고짜 폭력적으로 시비를 거는 거야.

명시
분명하게 드러내 보임
⟨예⟩ 시험 문제에 모두 고르라고 분명하게
명시를 했지만 한 개만 적은 사람들이 많다.

제안
어떤 의견으로 내놓음.
또는 그 안이나 의견
⟨예⟩ 이 공간은 학생들의
제안으로 만들어졌다.

제시

제의
의견이나 안건 등을 내놓음.
또는 그 의견
⟨예⟩ 다른 모둠에서 체육 수행평가 표현 활동을
같이하자는 제의가 들어왔다.

제기
토의의 대상으로 어떤 문제를 내어놓음
⟨예⟩ 이해가 가지 않아 반론을 제기했다.

Tip 일목요연하다
한 번 보고 바로 알 수 있을 만큼
분명하다.
⟨예⟩ 그 문제집은 설명이 일목요연하게 잘 되어
있어서 도움이 많이 된다.

낱말과교과

※ 글을 읽으면서 모르는 낱말이 나오면 밑줄 긋고, 사전에서 뜻을 찾아 써 보세요.

사회 5학년 2학기　　　　　　　　　　　　　　　　　　　　　　　　핵심 개념 **기본권**

　　우리나라 헌법에서 보장하는 기본권 중에 평등권은 법을 공평하게 적용받아 차별받지 않을 권리를 뜻합니다. 청구권은 자신의 권리가 침해되었을 때 국가에 대하여 일정한 요구를 할 수 있는 권리이며 이는 적법한 절차에 따라 이루어집니다.

내 어휘 더하기		

사회 5학년 2학기　　　　　　　　　　　　　　　　　　　　　핵심 개념 **일상생활에 적용된 법**

　　일상생활에는 다양한 법이 적용되고 있습니다. 우리는 법의 보호를 통해 인간다운 삶을 보장받습니다. 등굣길에는 「도로교통법」의 적용을 받아 안전을 지킬 수 있으며, 내가 창작하여 게시한 게시물에 대해서는 「저작권법」의 적용을 받습니다. 법을 준수하며 적법한 생활을 실천하면 안정된 사회를 만들 수 있습니다.

내 어휘 더하기		

사회 5학년 2학기　　　　　　　　　　　　　　　　　　　　　　　　핵심 개념 **휴전**

　　국제 연합군을 대표하여 미국과 북한, 중국이 전쟁을 멈추기 위해 정전 협상안을 제시하였습니다. 긴 협상 끝에 1953년 7월 정전 협정이 체결되었고, 그 결과 남한과 북한은 전쟁을 멈추고 휴전선을 설정하여 현재까지 휴전 중입니다.

내 어휘 더하기		

도덕 4학년 1학기　　　　　　　　　　　　　　　　　　　　　핵심 개념 **일상생활 예절**

　　아파트 주민들이 모여 있는 온라인 게시판에 승강기에서 이웃을 만났을 때 먼저 인사를 건네자는 의견을 제시하였습니다. 이후 그것을 실천하게 되면서 아파트 주민들의 분위기가 긍정적으로 바뀌게 되었습니다. 서로 인사를 나누고 예절 바른 행동을 실천하면 이웃끼리 행복해질 수 있습니다.

내 어휘 더하기		

낱말익히기

1 다음 빈칸에 들어갈 알맞은 낱말을 초성을 이용해 쓰세요.

(1) 사회+과학 융합

　　마약은 환각과 중독을 일으키는 물질로 우리나라에서는 「마약류 관리에 관한 법률」을 통해 관리하고 있습니다. 마약으로 분류된 물질 중에는 의학적인 목적으로 환자의 고통을 줄이기 위해 사용되는 것도 있습니다. 하지만 의학적 목적 외에 일반인이 마약을 복용하는 것은 〔 ㅈ ㅂ 〕 이 아니므로 법을 위반하는 행동입니다.

(2) 체육

　　질병관리청은 호흡기 감염병 예방 수칙으로 인플루엔자 예방 접종을 〔 ㅈ ㅅ 〕 했습니다. 인플루엔자란 흔히 독감으로 불리는데 주로 기침, 재채기 등 사람의 호흡기 비말을 통해 전파됩니다.

(1) _____　　　　　(2) _____

2 다음 낱말의 알맞은 뜻을 찾아 선으로 이으세요.

(1) 유효　　　●　　　　　● ㉠ 법률이나 명령 등을 어김

(2) 위법　　　●　　　　　● ㉡ 분명하게 드러내 보임

(3) 명시　　　●　　　　　● ㉢ 토의의 대상으로 어떤 의견이나 문제를 내어놓음

(4) 제기　　　●　　　　　● ㉣ 법률적 행위가 당사자나 법률이 의도한 본래의 효과가 있음

3 다음 대화에서 낱말이나 표현을 잘못 사용한 사람은 누구인지 쓰세요. (　　　　　　　　)

　희수 텐트를 들고 오셨길래 안내문을 제시해 드렸어.
　재영 잘했네. 안내문을 보고 불법이었다는 것을 깨달으셨을 거야.
　희수 주먹은 가깝고 법은 멀다고 되려 화를 내면서 시민들의 쉴 권리를 왜 무시하냐고 따지시더라.
　연우 행정 기관에 의견을 제기하셔야지. 왜 너한테 따지는 거야?
　지원 희수가 속상했겠다. 기운 내. 텐트 설치 금지에 대한 홍보가 더 필요하다고 공원 안내소에 우리 의견을 명시하자.

낱말확인하기 오늘 배운 낱말을 넣어 나만의 짧은 문장을 써 보세요.

적법 :

제시 :

낱 말 이 해 하 기

59 | 조절 調節

명사

균형이 맞게 바로잡음
적당하게 맞추어 나감

예 체중 감량에 성공하기 위해서는 식사량 조절이 필수적이다.

60 | 종속 從屬

명사

스스로는 일을 처리할 능력이 없어 주가 되는 것에 딸려 있음

예 부모님과 나는 아직 경제적으로 종속 관계이다.

낱말넓히기

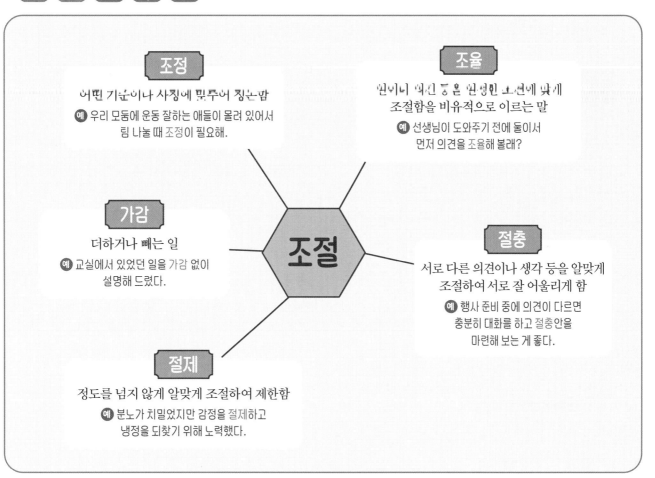

조정

어떤 기준이나 사정에 맞추어 정돈함

예 우리 모둠에 운동 잘하는 애들이 몰려 있어서 팀 나눌 때 조정이 필요해.

조율

?이나 ??? 등을 ??한 ???에 맞게 조절함을 비유적으로 이르는 말

예 선생님이 도와주기 전에 둘이서 먼저 의견을 조율해 볼래?

가감

더하거나 빼는 일

예 교실에서 있었던 일을 가감 없이 설명해 드렸다.

조절

절충

서로 다른 의견이나 생각 등을 알맞게 조절하여 서로 잘 어울리게 함

예 행사 준비 중에 의견이 다르면 충분히 대화를 하고 절충안을 마련해 보는 게 좋다.

절제

정도를 넘지 않게 알맞게 조절하여 제한함

예 분노가 치밀었지만 감정을 절제하고 냉정을 되찾기 위해 노력했다.

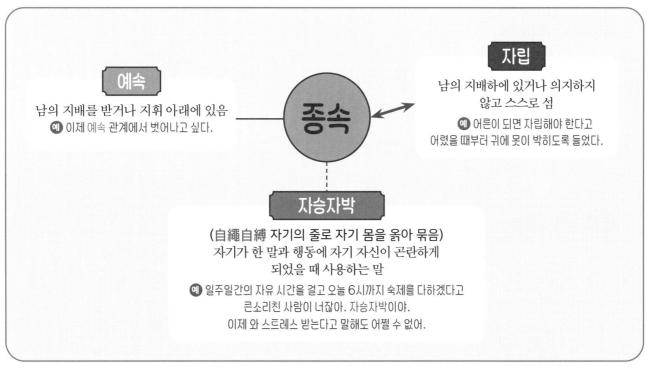

예속

남의 지배를 받거나 지휘 아래에 있음

예 이제 예속 관계에서 벗어나고 싶다.

종속

자립

남의 지배하에 있거나 의지하지 않고 스스로 섬

예 어른이 되면 자립해야 한다고 어렸을 때부터 귀에 못이 박히도록 들었다.

자승자박

(自繩自縛 자기의 줄로 자기 몸을 옭아 묶음)
자기가 한 말과 행동에 자기 자신이 곤란하게 되었을 때 사용하는 말

예 일주일간의 자유 시간을 걸고 오늘 6시까지 숙제를 다하겠다고 큰소리친 사람이 너잖아. 자승자박이야. 이제 와 스트레스 받는다고 말해도 어쩔 수 없어.

낱말과 교과

※ 글을 읽으면서 모르는 낱말이 나오면 밑줄 긋고, 사전에서 뜻을 찾아 써 보세요.

과학 4학년 1학기   핵심 개념 물체의 무게

양팔 저울을 준비하고 받침점에서부터 같은 거리에 다른 물체를 각각 올려놓은 후 양팔 저울의 움직임을 관찰합니다. 양팔 저울은 물체의 무게가 무거운 쪽으로 기울어지게 되는데 이때 물체의 위치를 조절하면서 양팔 저울의 수평을 맞출 수 있습니다.

내 어휘 더하기		

과학 5학년 1학기   핵심 개념 온도에 따른 용해

물의 온도와 용질이 용해되는 양 사이의 관계를 알아보기 위해 일정한 양의 물과 용질을 준비합니다. 물의 온도를 조절하면서 용질이 용해되는 모습을 관찰해 보면, 물의 온도가 높아질수록 대부분의 고체 용질이 물에 더 많이 용해되는 것을 알 수 있습니다.

내 어휘 더하기		

사회 6학년 1학기   핵심 개념 행정부

교육부, 외교부, 국방부, 통일부 등 행정부에 종속되어 있는 부서는 여러 부서입니다. 행정부는 법에 따라 국가의 살림을 맡아 하는 곳으로 국가의 중요한 일이 있을 때 국무 회의를 개최하여 논의합니다.

내 어휘 더하기		

사회 6학년 2학기   핵심 개념 지구촌 갈등

지구촌에서는 종교, 정치, 인종 등 다양한 이유로 인해 갈등이 일어납니다. 우리나라가 일제 식민지였던 역사를 가지고 있는 것처럼 한 나라가 한 나라에 종속되어 있는 과정에서 나타나는 갈등도 있습니다.

내 어휘 더하기		

낱말 익히기

1 다음 빈칸에 들어갈 알맞은 낱말을 초성을 이용해 쓰세요.

(1) 사회+체육 융합

감정 표출과 관련하여 일상생활에 지장을 주는 상태를 긴장 ⬚ㅈ ㅈ⬚ 장애라고 합니다. 숨을 깊게 들이쉬면서 심신의 안정을 찾기 위해 노력하고, 화가 나는 상황이 있다면 말하기를 멈추고 잠시 쉬었다가 말하는 방법을 활용해 보면서 스스로의 심리 건강을 챙기려는 노력이 필요합니다.

(2) 사회

19세기에는 여러 서구 국가에 노예 제도가 존재하였습니다. 당시 노예들은 주인에게 ⬚ㅈ ㅅ⬚ 되어 있었습니다. 1863년 미국 대통령 링컨은 노예 해방 선언을 하였습니다.

(1) _____   (2) _____

2 다음 빈칸에 들어갈 알맞은 낱말을 <보기>에서 찾아 쓰세요(한 번씩만 쓸 수 있습니다).

<보기>   조율   가감   절제   예속   자립

(1) 스마트폰 사용을 (   )하라는 엄마의 목소리가 들린다.
(2) 판매자와 구매자는 서로가 원하는 가격을 이야기하며 금액을 (   )했다.
(3) 이 사건에 대해 목격한 내용을 (   )하지 않고 진술했다.
(4) 벌써 내 품을 떠날 때가 되다니 너의 (   )이 믿기지 않는다.

3 다음에서 설명하는 사자성어로 알맞은 것은 무엇인가요?

• 자신의 밧줄로 자신을 묶는다.
• 자신의 계획에 스스로가 당하는 상황
• 자신이 생각해 낸 묘책에 결국 자기가 빠지게 된다.
• 자신의 논리나 주장이 결국 자신을 속박하게 되는 경우에 쓰는 말

① 숙맥불변   ② 역지사지   ③ 천편일률   ④ 오매불망   ⑤ 자승자박

낱말 확인하기
오늘 배운 낱말을 넣어 나만의 짧은 문장을 써 보세요.

조절 : ~~~~~~

종속 : ~~~~~~

진짜? 가짜!

※ 낱말에 대한 설명이 알맞으면 ○표, 알맞지 않으면 ×표 하세요. (가짜 3개)

51 | 불가피하다 ○

피할 수 없다.

52 | 인상적

어떤 상대에 대해 마음 속에 드는 느낌이 강하게 남는 것

53 | 인위적

자연의 힘이 아닌 사람의 힘으로 만들어지는 것

54 | 일률적

균형이 맞게 바로잡음

55 | 자주

남의 보호나 간섭 없이 자기 일을 스스로 처리함

56 | 작용

어떠한 현상을 일으키거나 영향을 미침

57 | 적법

태도나 방식 따위가 한결같은 것

58 | 제시

어떤 생각을 말이나 글로 나타내어 보임

59 | 조절

법규에 맞음

60 | 종속

스스로는 일을 처리할 능력이 없어 주가 되는 것에 딸려 있음

둘째마당 암호를 해독하라!

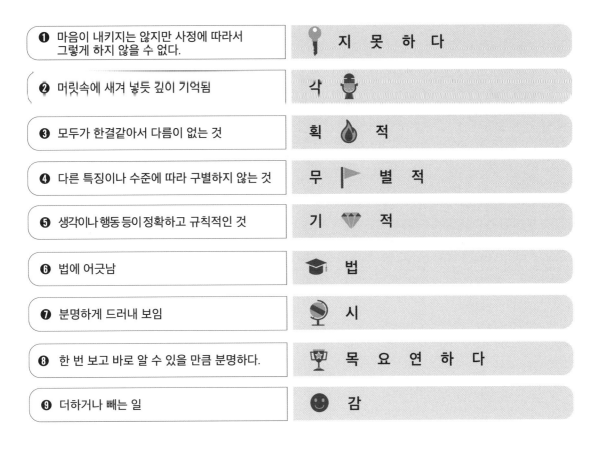

❶ 마음이 내키지는 않지만 사정에 따라서 그렇게 하지 않을 수 없다.

🔑 지 못 하 다

❷ 머릿속에 새겨 넣듯 깊이 기억됨

각 🎤

❸ 모두가 한결같아서 다름이 없는 것

획 🔥 적

❹ 다른 특징이나 수준에 따라 구별하지 않는 것

무 🚩 별 적

❺ 생각이나 행동 등이 정확하고 규칙적인 것

기 💎 적

❻ 법에 어긋남

🎓 법

❼ 분명하게 드러내 보임

🌐 시

❽ 한 번 보고 바로 알 수 있을 만큼 분명하다.

🏆 목 요 연 하 다

❾ 더하거나 빼는 일

🙂 감

(1) 군 💎 🏆 학 → _____ (群鷄一鶴)
닭의 무리 가운데에서 한 마리의 학이란 뜻으로, 많은 사람 가운데서 뛰어난 인물을 이르는 말

(2) 절 🚩 탁 🔑 → _____ (切磋琢磨)
옥이나 돌 등을 갈고 닦아서 빛을 낸다는 뜻으로, 부지런히 학문과 덕행을 배우고 익혀 수련함을 이르는 말

(3) 🙂 🎤 박 🌐 → _____ (佳人薄命)
아름다운 여성은 불행하거나 병약하여 요절하는 일이 많음을 일컫는 말

(4) 목 🎓 🎤 견 → _____ (目不忍見)
눈앞에 벌어진 상황 등을 눈 뜨고는 차마 볼 수 없음을 이르는 말

7주차

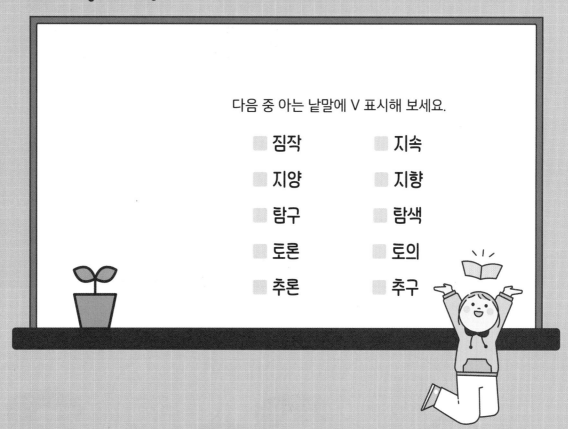

다음 중 아는 낱말에 V 표시해 보세요.

- ☐ 짐작
- ☐ 지속
- ☐ 지양
- ☐ 지향
- ☐ 탐구
- ☐ 탐색
- ☐ 토론
- ☐ 토의
- ☐ 추론
- ☐ 추구

낱말이해하기

30일차 복습 [조절/종속] 낱말을 설명해 보세요.

61 | 짐작 斟酌   명사

사정이나 형편 따위를 대강 짐작으로 헤아림

예 설명을 들으니 다음 활동이 무엇인지 짐작이 갔다.

62 | 지속 持續   명사

어떤 상태가 끊이지 않고 오래 계속 유지됨

예 해열제의 지속 효과가 5시간 정도 되는 듯하다.

낱말넓히기

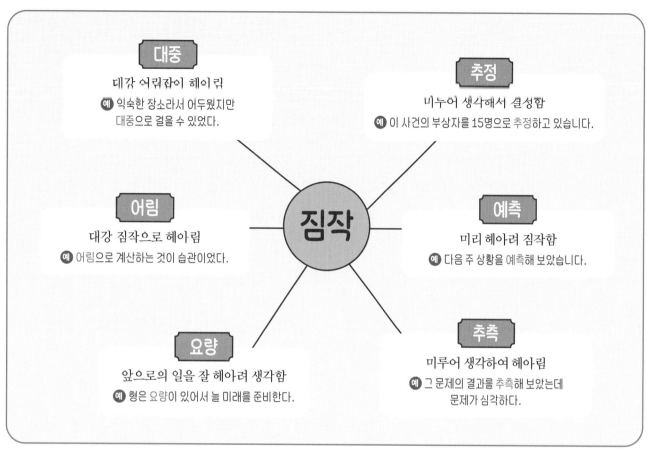

대중
대강 어림잡아 헤아림
예 익숙한 장소라서 어두웠지만 대중으로 걸을 수 있었다.

추정
미루어 생각해서 결정함
예 이 사건의 부상자를 15명으로 추정하고 있습니다.

어림
대강 짐작으로 헤아림
예 어림으로 계산하는 것이 습관이었다.

짐작

예측
미리 헤아려 짐작함
예 다음 주 상황을 예측해 보았습니다.

요량
앞으로의 일을 잘 헤아려 생각함
예 형은 요량이 있어서 늘 미래를 준비한다.

추측
미루어 생각하여 헤아림
예 그 문제의 결과를 추측해 보았는데 문제가 심각하다.

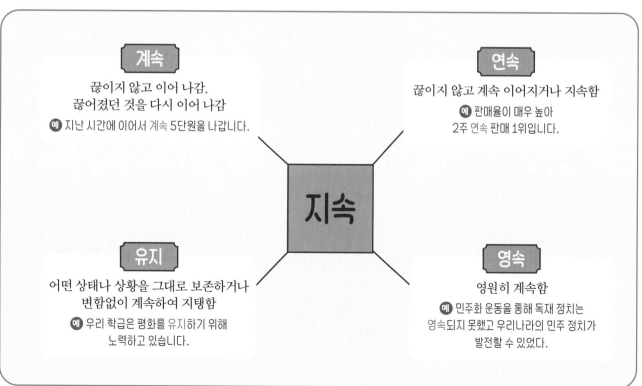

계속
끊이지 않고 이어 나감.
끊어졌던 것을 다시 이어 나감
예 지난 시간에 이어서 계속 5단원을 나갑니다.

연속
끊이지 않고 계속 이어지거나 지속함
예 판매율이 매우 높아 2주 연속 판매 1위입니다.

지속

유지
어떤 상태나 상황을 그대로 보존하거나 변함없이 계속하여 지탱함
예 우리 학급은 평화를 유지하기 위해 노력하고 있습니다.

영속
영원히 계속함
예 민주화 운동을 통해 독재 정치는 영속되지 못했고 우리나라의 민주 정치가 발전할 수 있었다.

낱말과교과

※ 글을 읽으면서 모르는 낱말이 나오면 밑줄 긋고, 사전에서 뜻을 찾아 써 보세요.

국어 4학년 1학기

핵심 개념 인물의 마음 짐작하기

표정이나 행동을 보고 인물의 마음을 짐작할 수 있습니다. 인물이 어두운 표정을 하고 있다면 걱정하는 마음일 거라고 추측할 수 있고, 신나는 표정을 하고 있다면 기대하는 마음 상태라는 것을 짐작할 수 있습니다.

내 어휘 더하기		

국어 5학년 2학기

핵심 개념 낱말의 뜻 짐작하기

글을 읽다가 모르는 낱말이 나오면 우리는 그 뜻을 짐작하면서 글을 읽게 됩니다. 낱말 앞뒤의 내용을 자세히 살펴보면 그 뜻을 추측하기가 수월합니다. 또한 이미 알고 있는 다른 낱말로 바꾸어 보면서 그 낱말의 뜻을 짐작할 수 있습니다.

내 어휘 더하기		

사회 5학년 2학기

핵심 개념 갑신정변

김옥균 등은 우정총국 개국 축하에서 정변을 일으켜 국가의 제도를 바꾸고 새로운 정부를 구성하고자 하였습니다. 이것이 바로 갑신정변입니다. 그러나 갑신정변은 지속되지 못하고 청의 군대가 개입하면서 3일 만에 실패로 끝나 버렸습니다.

내 어휘 더하기		

과학 6학년 2학기

핵심 개념 순환 기관

우리 몸의 혈액은 생명을 유지하기 위하여 온몸을 순환하고 있고, 그 순환을 쉬지 않고 지속합니다. 순환 기관으로는 심장, 혈관 등이 있으며 심장은 혈액을 내보내고 받아들이는 역할을 합니다. 혈관은 혈액이 이동하는 통로를 말합니다.

내 어휘 더하기		

낱말익히기

1 다음 빈칸에 들어갈 알맞은 낱말을 초성을 이용해 쓰세요.

(1) 사회

　　신석기 시대에는 흙으로 그릇의 형태를 빚고 구워서 토기를 만들이 사용이었습니다. 토기의 사용은 다양한 조리가 가능해졌다는 것을 ⌐ㅈ ㅈ¬ 할 수 있게 해 주고, 식량 자원을 보관할 수 있게 되었다는 것을 알려 줍니다.

(2) 과학

　　호흡할 때 공기는 코를 통해 폐로 들어갑니다. 폐에서 공기 속의 산소는 혈액 속으로 이동하고, 혈액 속의 이산화탄소는 다시 폐로 나오는데, 이와 같은 현상이 되풀이되면서 호흡이 ⌐ㅈ ㅅ¬ 됩니다.

(1) _____　　　　　　(2) _____

2 다음 문장을 읽고, 괄호 안에서 알맞은 낱말을 골라 ○표 하세요.

(1) 형태와 재료로 미루어 이 도자기는 고려 시대 것으로 (추정 / 어림)된다.
(2) 기상 예보관은 대기의 흐름을 관찰하여 날씨를 (어림 / 예측)하는 전문가이다.
(3) 다음 주까지 장마가 (계속 / 영속)된다고 보도했다.
(4) 줄넘기를 틀리지 않고 (연속 / 유지)해서 300번 넘었다.

3 다음 대화에서 낱말을 <u>잘못</u> 사용한 사람은 누구인지 쓰세요. (　　　　　　)

미나 어림하여 온유 네 키가 160cm는 되는 것 같은데!
재윤 내 키가 150cm인데 나보다 온유가 한 뼘 정도 더 크니까 미나의 <u>추측</u>에 나도 동의해!
온유 하루에 우유를 <u>연속</u>해서 마시는 습관이 있어서 그런지 키가 계속 커.
효주 우리 삼촌도 우유 좋아하시는데 어른이 되어서까지 <u>계속</u> 키가 자라셨대.
소은 온유 키가 앞으로도 쭉 쑥쑥 <u>유지</u>될 것이라고 생각해.

낱말확인하기

오늘 배운 낱말을 넣어 나만의 짧은 문장을 써 보세요.

짐작 : ＿＿＿＿＿＿＿＿＿＿＿＿＿＿＿＿＿＿＿＿＿＿＿＿＿＿＿＿＿

지속 : ＿＿＿＿＿＿＿＿＿＿＿＿＿＿＿＿＿＿＿＿＿＿＿＿＿＿＿＿＿

낱말이해하기

31일차 복습 [짐작/지속] 낱말을 설명해 보세요.

63 | 지양 止揚　　명사

더 높은, 또는 더 나은 단계로 가기 위해 어떠한 것을 하지 않음

예 생태 환경 학교는 종이 인쇄물 사용 지양을 통해 환경 보호에 앞장선다.

64 | 지향 志向　　명사

어떤 목표로 뜻이 쏠리어 향함
또는 그 방향이나 그쪽으로 쏠리는 의지

예 통일 지향에 대한 마음은 할아버지나 삼촌이나 똑같다.

낱말넓히기

금지
법이나 규칙, 명령 능으로 어떤 행위를
하지 못하도록 함
예 우리 반에서는 친구 별명을 부르는 것이 금지다.

제재
일정한 규칙이나 질서를 해하는 것에
대하여 제한하거나 금지함
예 몇 차례 주의를 주었음에도 불구하고 계속
수업 시간에 휴대폰을 몰래 사용한다면
제재를 가할 수밖에 없다.

지양

금기
마음에 걸려서 하지 않거나 피함
예 키우던 물고기가 죽은 후 우리 가족들에게
물고기에 대한 이야기는 금기 사항이 되었다.

터부
특정 집단에서 어떤 말이나 행동을
금하거나 꺼리는 것
예 우리 집에서는 억울한 누명을 쓰셨던 할아버지에
대해서 언급하는 것이 터부로 되어 있다.

방향
어떤 의지나 현상이 일정한 목표를
향하여 나아가는 쪽
예 선생님께서는 우리에게
새로운 방향을 제시하셨다.

의향
마음이 향하는 곳이나
무엇을 하려는 생각
예 나와 함께 봉사할 의향이 있다면
내일 아침에 운동장에서 만나자.

지향

청운의 꿈
성공하여 세상에 이름을 떨치려는 꿈을
비유적으로 이르는 말
예 청운의 꿈을 가지고 유학을 떠났다.

Tip 포부
마음속에 지니고 있는 미래에 대한
계획이나 희망
예 나는 포부가 큰 사람이다.

Tip 목표
❶ 어떤 목적을 이루려고 지향하는
실제적 대상으로 삼음
예 수학 문제집 3쪽 풀기 목표를 달성했다.
❷ 도달해야 할 곳을 목적으로 삼음
예 다음 현장 학습 목표 지점은 석굴암이다.

낱말과교과

※ 글을 읽으면서 모르는 낱말이 나오면 밑줄 긋고, 사전에서 뜻을 찾아 써 보세요.

국어 4학년 2학기 　　　　　　　　　　　　　　　　　　　　　　　　　**핵심 개념** 온라인 대화

　　온라인 대화를 할 때는 줄임말이나 그림말의 무분별한 사용을 지양하고 꼭 필요한 경우에만 적절하게 사용하는 것이 좋습니다. 상대가 해당 줄임말과 그림말을 제대로 이해하지 못할 수도 있다는 것을 유념하여 의사소통이 잘되고 있는지에 대해 확인할 필요가 있습니다.

내 어휘 더하기		

도덕 4학년 2학기 　　　　　　　　　　　　　　　　　　　　　　　　　**핵심 개념** 협력적 태도

　　'나 하나쯤이야.'라는 생각을 지양하고 '내가 먼저'라는 마음으로 생각을 바꾸면 협동을 실천하기 쉽습니다. 모둠 활동에서도 무임 승차하지 않고 자신이 할 수 있는 역할에 최선을 다하는 자세를 가져야 합니다.

내 어휘 더하기		

도덕 6학년 1학기 　　　　　　　　　　　　　　　　　　　　　　　　　**핵심 개념** 재능 나눔

　　개인이 자신의 재능을 주변 사람들에게 나누는 것을 재능 나눔이라고 합니다. 봉사하는 삶을 지향하는 사람은 재능 나눔 시 대가를 기대하지 않으며 상대방이 어떤 도움이 필요한 상황인지를 잘 파악해 자신의 재능을 발휘합니다.

내 어휘 더하기		

사회 6학년 2학기 　　　　　　　　　　　　　　　　　　　　　　　　　**핵심 개념** 평화 통일

　　우리는 평화 통일을 지향하고 있습니다. 평화 통일을 이루기 위해 남북 정상 회담을 개최하였으며 올림픽에서 남북 단일팀을 구성해 함께 입장하기도 했습니다. 남북한의 예술단이 함께 공연하는 자리를 갖는 등 사회·문화적 측면에서도 많은 노력을 하고 있습니다.

내 어휘 더하기		

낱말익히기

1 나음 빈칸에 들어갈 알맞은 낱말을 조성늘 이용해 쓰세요.

(1) 국어+사회 융합

광고는 사람들이 그 상품을 선택하도록 유노하거나 광고 내용에서 안내하고 있는 행동을 하누록 석늘 하는 것을 목적으로 하기 때문에 과장 광고나 허위 광고에 대한 비판적 시각이 필요합니다. 소비자를 속이는 것이 없는지 잘 판단하고 광고에서 소개하고 있는 내용을 맹신하는 것은 [ㅈ ㅇ] 해야 합니다.

(2) 사회

일과 생활의 균형을 [ㅈ ㅎ] 하는 사람들이 늘고 있습니다. 무조건 돈을 많이 버는 일을 선호하기보다 개인의 삶을 즐길 수 있는 시간과 건강한 근무 환경 등을 고려하여 직업을 선택하는 사람들이 증가하는 추세 입니다.

(1) _____   (2) _____

2 다음 문장의 빈칸에 들어갈 알맞은 낱말을 찾아 선으로 이으세요.

(1) 청소년들이 흡연과 음주에 노출되지 않도록 법적 _____를 가하고 있지.   •   • ㉠ 금지

(2) 특히 상대방 부모님에 대한 험담은 절대 _____입니다.   •   • ㉡ 의향

(3) 마라톤 대회에 나갈 _____이 있어서 운동화를 새로 샀어.   •   • ㉢ 방향

(4) 우리 반 친구들 모두 참여할 수 있는 _____으로 발표회를 준비하렴.   •   • ㉣ 제재

3 다음 대화의 빈칸에 공통으로 들어갈 낱말은 무엇인가요?

주리 5km 마라톤 대회에서 35분 안에 들어오는 것이 올해 _____야.

윤호 난 지난번 대회 때 운동화 끈이 계속 풀려서 고생했어. 다음 대회는 여유 있게 아무 일 없이 완주하는 것이 _____야. 인증 사진도 남기고 즐겁게 달려야지. 인증 사진 _____ 지점은 2.5km 반환 지점!

① 금기   ② 방향   ③ 목표   ④ 금지   ⑤ 포부

낱말확인하기
오늘 배운 낱말을 넣어 나만의 짧은 문장을 써 보세요.

지양 : _____

지향 : _____

낱말이해하기

32일차 복습 [지양/지향] 낱말을 설명해 보세요.

65 | 탐구 探求   명사

필요한 것을 조사하여 찾아내거나 얻어 냄

예 여러 가지 방법의 탐구를 위해 힘내자.

66 | 탐색 探索   명사

드러나지 않은 사물이나 현상 등을 알아내기 위해 살피어 찾음

예 범인을 잡기 위해 탐색 작전을 펼치기로 했다.

낱 말 넓 히 기

추구
무엇을 이룰 때까지 뒤쫓아 구함
- 예 행복을 추구하는 할아버지가 인상적이었다.

탐색
드러나지 않은 사물이나 현상 등을 찾아내거나 밝히기 위하여 살피어 찾음
- 예 신비로운 우주를 탐색하는 우주인이 되고 싶다.

절차탁마
(切磋琢磨 옥이나 돌 등을 갈고 닦아서 빛을 냄)
부지런히 학문을 닦고 덕행을 갖추려고 애쓰는 것을 이르는 말
- 예 우리 모둠은 절차탁마의 정신으로 과제를 함께 해냈다.

탐구

Tip 탐구(探究)
진리나 학문 등를 파고들어 깊이 연구함
- 예 학문을 탐구하는 모습이 매우 진지하다.
- 유 연구 어떤 일에 대하여 깊이 있게 조사하고 생각하여 진리를 밝히는 일
- 예 일 년 동안의 연구 성과를 보고서로 만들었다.
- 유 연마 학문이나 기술 등을 열심히 배우고 익힘
- 예 국가 대표 선수로서 태권도 기술을 연마하는 데 최선을 다했다.

학이시습
(學而時習 배우고 때로 익힘)
배운 것을 항상 복습하고 연습하면 그 참뜻을 알게 된다는 의미
- 예 학문을 연구하는 사람 중에는 학이시습의 태도를 습관처럼 가지고 있는 사람이 많다.

조사
어떤 것의 내용을 명확히 알기 위하여 자세히 살펴보거나 찾아봄
- 예 운동화 사건과 관련하여 2시간 동안 조사를 받았다.

탐구
필요한 것을 조사하여 찾아내거나 얻어 냄
- 예 진로 교육 시간에 여러 가지 직업에 대해 탐구했다.

탐색

탐사
알려지지 않은 것에 대하여 빈틈없이 살펴 조사함
- 예 달의 표면을 탐사하기 위해 과학자들이 많은 준비를 했다.

탐지
감추어졌던 사실이나 물건 등을 더듬어 찾아 알아냄
- 예 훈련된 개들이 투입되어 지뢰를 탐지했다.

낱말과 교과

※ 글을 읽으면서 모르는 낱말이 나오면 밑줄 긋고, 사전에서 뜻을 찾아 써 보세요.

과학 4학년 1학기
핵심 개념 탐구 과정

평소에 궁금했던 점이나 어떤 것을 관찰하면서 궁금한 점이 떠올랐을 때 그것을 탐구 문제로 정합니다. 탐구 방법과 내용을 구체적으로 생각하여 계획을 세우고, 그 계획에 따라 탐구를 실행하고 과정을 기록합니다.

내 어휘 더하기		

과학 6학년 2학기
핵심 개념 전자석이 사용되는 예

전자석은 전기가 흐를 때만 자석의 성질이 나타나는데 자석의 세기와 극을 바꿀 수 있습니다. 이러한 전자석이 쓰인 예를 탐구해 보면, 여름철에 자주 사용하는 선풍기에서 그 예를 확인할 수 있습니다. 선풍기에는 전동기가 이용되는데 전동기는 전자석의 원리로 작동합니다.

내 어휘 더하기		

사회 4학년 1학기
핵심 개념 지역의 중심지

지역의 중심지를 탐색해 보면 한 지역에 다양한 중심지가 있음을 알 수 있습니다. 산업의 중심지, 행정의 중심지, 관광의 중심지 등이 그 예입니다. 중심지마다 그 모습이 다르며 역할과 기능도 다릅니다.

내 어휘 더하기		

도덕 6학년 2학기
핵심 개념 지구촌 갈등 해결 방법 탐색

지구촌의 문제는 결국 우리나라의 문제, 나의 문제가 될 수 있습니다. 그러므로 지구촌 문제에 대해 관심을 갖고 함께 해결하려는 자세가 필요합니다. 먼저 갈등의 원인을 파악하고 내가 할 수 있는 일에 대해 탐색해 봅니다. 전쟁이나 자연재해로 어려움을 겪고 있는 나라가 있다면, 생활용품 모으기 운동이나 기부 운동에 참여하는 것도 좋은 방법이 될 수 있습니다.

내 어휘 더하기		

낱말 익히기

1 나음 빈칸에 들어갈 알맞은 낱말을 초성을 이용해 쓰세요.

(1) 수하+과하 융합

우리 마을의 미세 먼지 상태를 매일 깊은 시각에 조사합니다. 〔ㅂ ㅣ〕 결과를 그림이니 그래프로 기록하여 정리한 후 친구들과 공유하면 건강을 지키는 데 참고 자료로 활용할 수 있습니다.

(2) 사회+도덕 융합

주변을 둘러보면 어렵고 힘들게 살아가는 이웃들이 많이 있습니다. 우리의 작은 도움과 나눔이 어려운 이웃들에게는 큰 위로와 격려가 될 수 있습니다. 주변의 어려운 이웃을 도울 수 있는 방법들을 〔ㅌ ㅅ〕 하여 실천합시다.

(1) _____   (2) _____

2 다음 낱말의 알맞은 뜻을 찾아 선으로 이으세요.

(1) 추구 •
(2) 연마 •
(3) 조사 •
(4) 탐사 •

• ㉠ 알려지지 않은 것에 대하여 빈틈없이 살펴 조사함
• ㉡ 학문이나 기술 등을 열심히 배우고 익힘
• ㉢ 목적을 이룰 때까지 뒤좇아 구함
• ㉣ 어떤 것의 내용을 명확히 알기 위하여 자세히 살펴보거나 찾아봄

3 다음 대화에서 낱말을 잘못 사용한 사람은 누구인지 쓰세요. (   )

은화 은지야, 넌 진짜 <u>연구</u> 대상이야. 일 년 내내 곤충 책만 빌려오다니!
은지 곤충의 세계가 얼마나 신기한지 몰라서 그래. <u>탐구</u>하면 할수록 너무 재밌어.
윤경 어떤 곤충학자 말이 다양한 곤충을 <u>탐색</u>할 때 호기심이 채워지는 기쁨이 있대.
수진 학자의 삶을 추구하는 은지가 곤충의 세계보다 더 신기해! 곤충 게임을 만들어 주면 나도 곤충을 <u>탐사</u>할 마음이 있는데 말이지!

낱말 확인하기
오늘 배운 낱말을 넣어 나만의 짧은 문장을 써 보세요.

탐구 :

탐색 :

낱말이해하기

33일차 복습 [탐구/탐색] 낱말을 설명해 보세요.

67 | 토론 討論

명사

어떤 문제에 대하여 여러 사람이 각자의 의견을 내세워 논의함

예 이번 주 토요일 100분 토론 생방송이 있습니다.

68 | 토의 討議

명사

어떤 문제에 대하여 분석해서 따져 보고 함께 의논함

예 토의 결과, 학급 친구들이 모두 만족할 만한 해결 방법이 정해졌다.

낱말넓히기

토론

논의
어떤 문제에 대하여 서로 의견을 냄
예 분위기가 심각한 걸 보니 논의가 잘 이루어지지 않고 있는 듯하다.

의논
어떤 일에 대하여 서로 의견을 주고받음
예 외동딸인 나는 어렸을 때부터 고민이 있을 때 부모님과 의논을 해 왔다.

담론
어떤 주제에 대하여 이야기를 주고받으며 논의함
예 시간이 지날수록 우리는 담론을 즐기게 되었다.

갑론을박
(甲論乙駁)
여러 사람이 서로 자신의 주장을 내세우며 상대편의 주장을 반박함
예 도무지 의견이 좁혀지지 않았고 갑론을박만 지속될 뿐이었다.

Tip 토의 vs. 토론
토의: 어떤 사안에 대해 '협의'하는 것이 목적
토론: 다른 주장을 가지고 있는 사람들이 자기의 주장을 펼쳐 상대방을 '설득'하는 것이 목적

토의

거론
어떤 내용을 토론의 주제로 삼아 제기하거나 논의함
예 엄마가 새로운 스마트폰 구입에 대한 이야기는 더 이상 거론하지 말라고 하셨어.

협의
둘 이상의 사람이 서로 협력하여 의논함
예 이미 수차례 모여서 협의한 내용이다.

심의
자세히 조사하고 검토해서 협의함
예 작품을 제출하기 전에 사전 심의를 거쳐야 한다.

회의
① 여럿이 모여 의논함
예 지금 당장 회의를 소집하라고 말씀하셨다.
② 여럿이 모여 어떤 일에 관해 의견을 교환하여 의논하는 기관
예 법관 회의를 시작하겠습니다.

머리를 맞대다
어떤 일을 의논하거나 결정하기 위하여 서로 마주 대한다는 말
예 이틀째 머리를 맞대고 대책 마련에 힘쓰고 있다.

난상토의
(爛商討議)
충분히 의견을 나누어 토의함
예 대표를 만나 난상토의를 하였지만 결국 결론을 내지 못했다.

낱말과교과

※ 글을 읽으면서 모르는 낱말이 나오면 밑줄 긋고, 사전에서 뜻을 찾아 써 보세요.

국어 5학년 2학기   핵심 개념 토론에 필요한 자료

토론을 할 때에는 주장과 근거를 뒷받침할 수 있는 자료를 준비합니다. 자신의 주장을 뒷받침하는 자료뿐만 아니라 상대편 주장을 반박하는 자료도 준비해 두면 상대편을 설득하는 데 매우 유용하게 활용할 수 있습니다.

내 어휘 더하기		

국어 6학년 2학기   핵심 개념 사회자의 역할

토론에는 사회자 역할이 필요합니다. 사회자는 찬성 의견을 가진 사람들과 반대 의견을 가진 사람들이 발언 기회를 골고루 가질 수 있도록 진행해야 합니다. 토론을 통해 우리는 나와 다른 생각을 가진 사람들의 의견을 들으면서 내용을 더욱 깊이 있게 이해할 수 있습니다.

내 어휘 더하기		

국어 5학년 2학기   핵심 개념 의견 조정하기

주제를 정하고 의견을 모으는 과정으로 토의를 진행하게 됩니다. 의견 모으기 단계에서는 의견을 조정하는 과정이 필요합니다. 그 의견을 실천하는 데 필요한 조건이 무엇인지, 그 의견대로 실천했을 때 어떤 결과가 나오는지를 예측해 보면서 의견을 조정합니다.

내 어휘 더하기		

과학 6학년 2학기   핵심 개념 에너지

에너지를 효율적으로 활용하는 방법에 대해 토의하다 보면 황제펭귄의 이야기를 하게 됩니다. 황제펭귄은 서로 무리를 지어 몸을 맞대면서 지혜롭게 열에너지의 손실을 막습니다.

내 어휘 더하기		

낱 말 익 히 기

1 다음 빈칸에 들어갈 알맞은 낱말을 초성을 이용해 쓰세요.

(1) 국어＋사회 융합

　　　 ㅌ ㄹ 　을 하다 보면 나와 다른 의견을 가진 사람을 만나게 됩니다. 성숙한 협의 문화가 정착되기 위해서는 나와 생각이 다른 사람과도 원만하게 대화할 수 있어야 합니다.

(2) 체육

　　　건강한 생활을 위한 노력에 대해 ㅌ ㅇ 한 결과 아침 시간에 건강 달리기나 건강 줄넘기 활동을 하자는 의견이 있었습니다. 또 급식 시간에 편식하지 않고 음식을 골고루 먹자는 의견도 있었습니다.

(1) _____　　　　　　(2) _____

2 다음 빈칸에 들어갈 알맞은 낱말을 <보기>에서 찾아 쓰세요(한 번씩만 쓸 수 있습니다).

<보기> 　　의논　　담론　　거론　　심의　　논의

(1) 저녁 식사 메뉴로 무엇이 좋을지 가족들과 (　　　　　　　　)하세요.
(2) 엄마께서 강아지 분양 이야기는 더 이상 (　　　　　　　　)하지 말라고 말씀하셨어.
(3) 제작한 영상물을 (　　　　　　)하는 절차가 남아 있습니다.
(4) 우리나라 교육 문제 해결을 위해 약 한 달간 (　　　　　　) 끝에 다음과 같은 교육 정책이 결정되었습니다.

3 다음 대화 상황에 어울리는 사자성어로 알맞은 것은 무엇인가요?

이안 그동안 피구는 너무 많이 했습니다. 그러므로 이번에는 발야구를 하면 좋겠습니다.
희주 우리 학급에서 발야구를 좋아하는 친구는 5명도 되지 않습니다. 많은 아이가 피구를 더 좋아합니다.
다윤 피구 경기는 할 때마다 경기가 과열되어 친구들끼리 다투는 일이 벌어집니다. 이번 기회에 발야구 규칙도 배우고 다양한 운동을 경험해 보면 좋겠습니다.
현우 발야구도 하다 보면 다툴 수 있습니다. 어느 종목이든 일어날 수 있는 일입니다.

① 천편일률　　　② 절차탁마　　　③ 학이시습　　　④ 갑론을박　　　⑤ 사면초가

낱 말 확 인 하 기
오늘 배운 낱말을 넣어 나만의 짧은 문장을 써 보세요.

토론 :
〰〰〰

토의 :
〰〰〰

낱말이해하기

34일차 복습 [토론/토의] 낱말을 설명해 보세요.

69 | 추론 推論

명사

미루어 생각하여 논함

예 추론은 사실에 근거해야 한다.

70 | 추구 追求

명사

목적을 달성할 때까지 뒤좇아 구함

예 내가 열심히 공부하는 이유는 행복 추구를 위해서야.

낱말넓히기

유추

같거나 비슷한 것에 기초하여
다른 사물을 미루어 추측하는 일

예 그런 이유로 유추한 것이라면 믿을 만하다.

도출

방법이나 결론 등을 이끌어 냄

예 충분하게 이야기를 나누고
도출한 결과이다.

추론

추리

알고 있는 것을 바탕으로 알지 못하는
것을 미루어서 생각함

예 우리의 추리는 빗나갔고 뜻밖의
상황이 펼쳐졌다.

논리

말이나 글에서 어떤 생각이나 판단 등을
이치에 맞게 이끌어 가는 과정이나 원리

예 언제나 나름의 논리가 있는 사람이라
그의 설명을 들으면 이해가 간다.

사유

어떤 것에 대해 골고루
생각해 보는 것

예 사유의 시간은 생각을 깊게 만든다.

갈망

간절히 바람

예 할머니께서는 어렸을 때 배움에 대한
갈망이 있으셨다고 한다.

갈구

간절히 바라며 구함

예 나를 바라보며 갈구하는 모습이 애처로워서
게임을 허락하고야 말았다.

추구

삼고초려

(三顧草廬 인재를 맞아들이기 위하여
참을성 있게 노력함)
중국 삼국 시대에 유비가 제갈량의 집으로
세 번이나 찾아갔다는 데서 유래함

예 내가 공부를 하기 싫어하자 엄마는 삼고초려
하다시피 해서 새로운 과외 선생님을 모셔 왔다.

손꼽아 기다리다

기대에 차 있거나 안타까운 마음으로
날짜를 꼽으며 기다린다는 말

예 방학 날짜를 손꼽아 기다리고 있다.

낱말과교과

※ 글을 읽으면서 모르는 낱말이 나오면 밑줄 긋고, 사전에서 뜻을 찾아 써 보세요.

사회 5학년 2학기 　　　　　　　　　　　　　　　　　　　핵심 개념 역사 지도

고구려, 백제, 신라의 전성기 지도를 통해 삼국의 공통점을 추론해 볼 수 있습니다. 삼국은 전성기에 오늘날의 한강 유역을 차지했습니다. 한강 유역은 위치상 한반도의 중심이며 강을 통해 다른 나라와의 교류가 유리하다는 장점이 있었습니다.

내 어휘 더하기		

국어 6학년 1학기 　　　　　　　　　　　　　　　　　　　핵심 개념 추론하는 방법

이야기를 듣고 추론하는 방법은 이야기에서 찾을 수 있는 단서를 확인해 보는 것입니다. 자신이 이미 알고 있었던 사실을 떠올려 보고 그것을 바탕으로 더 알 수 있는 것이 무엇인지 생각해 봅니다.

내 어휘 더하기		

실과 5학년 2학기 　　　　　　　　　　　　　　　　　　　핵심 개념 정리 정돈

생활 공간을 깔끔하게 관리하는 생활 방식을 추구하면 평소 정리 정돈에 관심을 기울이게 됩니다. 정리 정돈을 잘하면 물건을 쉽게 찾을 수 있고 물건을 잃어버리는 일도 적어 물자를 낭비하지 않게 됩니다. 또한 주변 환경을 깔끔하게 정리하게 되어 위생적인 생활을 하는 데에도 도움이 됩니다.

내 어휘 더하기		

국어 6학년 2학기 　　　　　　　　　　　　　　　　　　　핵심 개념 인물이 추구하는 가치

이방원의 〈하여가〉를 읽어 보면 이방원이 함께 힘을 모아 새 나라를 세우자는 의중을 가지고 있음을 알 수 있습니다. 반면 정몽주의 〈단심가〉를 읽어 보면 정몽주가 추구하는 가치는 고려에 충성을 다하며 변절하지 않는 삶이라는 것을 알 수 있습니다.

내 어휘 더하기		

낱말익히기

1 다음 빈칸에 들어갈 알맞은 낱말을 초성을 이용해 쓰세요.

(1) 국어

    <셜록 홈즈> 시리즈는 놀라운 | ㅊ ㄹ | 능력으로 전 세계 독자들을 책에 빠져들게 했습니다. 추리 소설은 단서를 보여 주면서 독자로 하여금 사건을 해결하는 과정에 함께 몰입할 수 있도록 합니다.

(2) 도덕+사회 융합

    테레사 수녀는 사랑과 보살핌이 필요한 사람들을 위해 헌신하는 삶을 살았습니다. 그녀가 | ㅊ ㄱ | 했던 삶은 주변에 어려운 사람들이 있는지 살피고 그들을 위해 봉사하는 삶이었습니다. 약자를 배려하고 가난한 사람과 함께 나누면서 모두가 함께 행복할 수 있는 세상을 만들기 위해 노력하였습니다.

(1) _____

(2) _____

2 다음 문장을 읽고, 괄호 안에서 알맞은 낱말을 골라 ○표 하세요.

(1) 도서관에서 많은 책을 찾아본 후에야 드디어 (도출 / 사유)해 낸 결과다.

(2) 반려견을 산책시키는 모습을 보았기 때문에 범인을 (추리 / 논리)할 수 있었다.

(3) 설명에 (유추 / 논리)가 없으면 사람들을 설득하기 어렵다.

(4) 매일 성실히 생활하며 부모님의 화가 풀리는 날을 (갈망 / 갈구)했다.

3 다음 대화의 빈칸에 들어갈 낱말로 알맞은 것은 무엇인가요?

소연 우리 집 '연탄이' 사진이야.

시후 너무 귀엽다. 전에는 고양이가 귀여운지 몰랐는데 요즘은 너무 귀엽더라.

소연 아침마다 내 방문을 두드리며 간식을 _____하는 표정을 짓는데 너무 귀여워서 연탄이 간식은 꼭 내가 챙겨 주게 돼.

① 갈취   ② 갈구   ③ 유출   ④ 추리   ⑤ 논리

낱말확인하기 오늘 배운 낱말을 넣어 나만의 짧은 문장을 써 보세요.

추론 :

추구 :

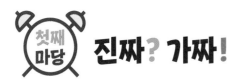

진짜? 가짜!

※ 낱말에 대한 설명이 알맞으면 ○표, 알맞지 않으면 ×표 하세요. (가짜 2개)

| 61 | 짐작 | ✏️ ○ |

사정이나 형편 따위를 대강 짐작으로 헤아림

| 62 | 지속 | |

어떤 상태가 끊이지 않고 오래 계속 유지됨

| 63 | 지양 | |

어떤 목표로 뜻이 쏠리어 향함. 또는 그 방향이나 그쪽으로 쏠리는 의지

| 64 | 지향 | |

더 높은, 또는 더 나은 단계로 가기 위해 어떠한 것을 하지 않음

| 65 | 탐구 | |

필요한 것을 조사하여 찾아내거나 얻어 냄

| 66 | 탐색 | |

드러나지 않은 사물이나 현상 등을 알아내기 위해 살피어 찾음

| 67 | 토론 | |

어떤 문제에 대하여 여러 사람이 각자의 의견을 내세워 논의함

| 68 | 토의 | |

어떤 문제에 대하여 분석해서 따져 보고 함께 의논함

| 69 | 추론 | |

미루어 생각하여 논함

| 70 | 추구 | |

목적을 달성할 때까지 뒤좇아 구함

둘째마당 **십자말**을 풀어라!

㉠	①				③			
	㉡	②		㉢		을		
								⑤
						④㉣		
	⑥							
㉤		를		맞	⑦			
								⑧
						㉥		
	⑨㉦							

가로 열쇠

㉠ 둘 이상의 사람이 서로 협력하여 의논함
㉡ 어떤 문제에 대하여 서로 의견을 냄
㉢ 여러 사람이 서로 자신의 주장을 내세우며 상대편의 주장을 반박함
㉣ 목적을 이룰 때까지 뒤좇아 구함
㉤ 어떤 일을 의논하거나 결정하기 위하여 서로 마주 대한다는 말
㉥ 알려지지 않은 것에 대하여 빈틈없이 살펴 조사함
㉦ 어떤 상태나 상황을 그대로 보존하거나 변함없이 계속하여 지탱함

세로 열쇠

① 어떤 일에 대하여 서로 의견을 주고받음
② 마음이 향하는 곳이나 무엇을 하려는 생각
③ 어떤 내용을 토론의 주제로 삼아 제기하거나 논의함
④ 미루어 생각해서 결정함
⑤ 간절히 바라며 구함
⑥ 알고 있는 것을 바탕으로 알지 못하는 것을 미루어서 생각함
⑦ 대강 어림잡아 헤아림
⑧ 법이나 규칙, 명령 등으로 어떤 행위를 하지 못하도록 함
⑨ 필요한 것을 조사하여 찾아내거나 얻어 냄

8주차

다음 중 아는 낱말에 V 표시해 보세요.

- 가능성
- 타당하다
- 한계
- 합리적
- 활용

- 통합
- 투명하다
- 함양
- 향유하다
- 효과

낱말이해하기

35일차 복습 [추론/추구] 낱말을 설명해 보세요.

71 | 가능성 可能性

명사

① **앞으로 실현될 수 있는 성질이나 정도**

예 이번 일은 성사될 가능성이 희박하다.

② **앞으로 성장·발전할 수 있는 성질이나 정도**

예 아직 초등학생이기 때문에 앞으로 발전할 가능성이 매우 크다.

72 | 통합 統合

명사

둘 이상의 조직은 하나로 합침

예 여러 계열사의 통합이 회장님의 바람이었다.

낱말넓히기

가능성

가망
될 만하거나 가능성이 있는 희망
예 님은 1시긴 인에 싱풍길 가밍이 없다.

여지
어떤 일이 현실화될 가능성이나 희망
예 신택의 여지가 없다.

현실성
현재 실제로 존재하거나 실현될 수 있는 성질
예 현실성 있는 계획을 이야기하라고 소리쳤다.

장래
❶ 앞으로의 가능성이나 전망
예 여러분에게 소개하는 이 청년은 장래가 기대되는 청년입니다.
❷ 앞으로 다가올 나날
예 졸업식에서 장래 계획을 발표하는 시간을 가졌다.

희망
앞으로 잘될 수 있는 가능성
예 조언을 듣고 나니 희망이 보였다.

통합

종합
여러 가지를 한군데 모아서 합함
예 할머니께서 종합 검진을 직접 예약하셨다.

연합
둘 이상이 서로 합동하여 하나의 조직체를 만듦
예 음악 줄넘기 동아리와 줄넘기 체조 동아리가 연합하여 줄넘기부를 만들기로 했다.

통일
❶ 나누어진 것들을 하나의 조직이나 체계로 합침
예 신라는 삼국을 통일했다.
❷ 여러 가지를 서로 같거나 일치되게 맞춤
예 학급 대항 경기를 위해 티셔츠 색깔을 통일하여 입고 오기로 했다.

통섭
혼자서 전체를 책임져 다스림
예 왕은 각 지역의 대표들을 통섭하여 나라를 하나의 힘으로 모으고자 애썼다.

집대성
여러 가지를 모아 하나의 체계를 이루어 완성함
예 위인전기에는 위인이 그 당시에 집대성한 업적이 기록되어 있다.

오월동주
(吳越同舟 서로 적대적인 마음을 품은 사람들이 한자리에 있게 된 경우 또는 서로 협력하여야 하는 상황을 비유적으로 이르는 말)
중국 춘추 전국 시대, 서로 적대시하는 오나라 사람과 월나라 사람이 한 배에 타게 되었고 풍랑을 만나서 서로 단합하여야 했다는 데에서 유래함
예 경제가 전반적으로 어려우니 지금은 경쟁 업체와 오월동주 상황이다.

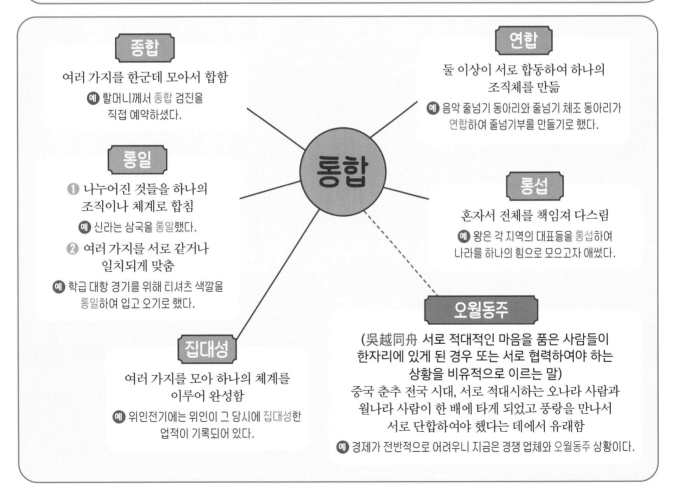

낱말과교과

※ 글을 읽으면서 모르는 낱말이 나오면 밑줄 긋고, 사전에서 뜻을 찾아 써 보세요.

과학 4학년 1학기
핵심 개념 과학실 안전

과학실에서 실험을 하다가 불이 교과서로 옮겨붙어서 화재가 발생할 수 있습니다. 화재가 아니더라도 뜨거운 실험 도구를 손으로 만져 화상을 입을 가능성도 있습니다. 과학실에서 지켜야 할 안전 수칙을 꼭 숙지하고 안전하게 실험에 임해야 합니다.

내 어휘 더하기		

수학 5학년 2학기
핵심 개념 일이 일어날 가능성

주사위를 굴렸을 때 홀수가 나올 가능성은 반반입니다. 주사위에는 세 개의 홀수와 세 개의 짝수가 있기 때문입니다. 또한 1월 다음 달이 2월일 가능성은 확실하다고 표현합니다. 가능성은 어떤 상황에서 특정한 일이 일어날 수 있는 정도를 뜻합니다.

내 어휘 더하기		

사회 5학년 1학기
핵심 개념 우리나라 행정 구역명

세종특별자치시는 충청남도의 일부와 충청북도의 일부를 통합하여 만든 행정 도시입니다. 중앙 행정 기관과 연구 기관 등을 이전하여 행정 중심 복합 도시로 계획한 지역이기도 합니다. 세종특별자치시는 세종대왕의 이름을 따와서 도시의 명칭을 지었습니다.

내 어휘 더하기		

사회 6학년 1학기
핵심 개념 권력 분립

우리나라는 모든 국가 기관을 통합 운영하지 않고 민주정치의 원리인 권력 분립을 실현하고 있습니다. 권력 분립은 국가 기관이 권력을 각각 나누어 맡아서 서로 견제하면서 국민의 자유와 권리를 보장할 수 있도록 하는 것을 말합니다.

내 어휘 더하기		

낱말익히기

1 다음 빈칸에 들어갈 알맞은 낱말을 초성을 이용해 쓰세요.

(1) 체육

독감 바이러스는 재채기나 기침을 통해서 전염될 [ㄱ ㄴ ㅅ]이 있습니다. 발열이나 근육통, 두통 증상을 나타내는 독감 바이러스는 구토와 설사를 동반하기도 합니다. 독감은 한 번 걸렸더라도 다시 걸릴 확률이 있다는 것을 기억하고, 특히 겨울철이 다가오면 개인 위생에 더욱 관심을 기울여야 합니다.

(2) 사회

출신 학교에 따라 연결된 인연을 '학연'이라고 하고, 출신 지역에 따라 연결된 인연을 '지연'이라고 합니다. 때에 따라서는 학연과 지연으로 이어져 있는 인간관계들이 그들끼리의 유대감만을 강화시켜서 더 큰 공동체로서의 [ㅌ ㅎ]을 방해하기도 합니다.

(1) _____ (2) _____

2 다음 문장의 빈칸에 들어갈 알맞은 낱말을 찾아 선으로 이으세요.

(1) 테니스 선수를 꿈꿔 왔는데 갑작스럽게 무릎 부상을 당하다니 나의 _____가 불투명해졌다. ● ● ㉠ 가망

(2) 완성도, 실용도, 협동심, 심미성 등을 _____하여 순위를 매길 예정입니다. ● ● ㉡ 연합

(3) 지금으로서는 저 두 집단의 _____을 기대하기 어렵다. ● ● ㉢ 장래

(4) 시간이 2분밖에 남지 않은 이 시점에서 더 이상 _____이 없어 보인다. ● ● ㉣ 종합

3 다음 대화의 빈칸에 공통으로 들어갈 낱말은 무엇인가요?

시준 오늘 교장 선생님께서 저에게 _____가 촉망되는 학생이라고 칭찬해 주셨어요.
엄마 우리 아들 대단해! 그림 대회에서 대상 받은 거 엄마도 정말 축하한다!
시준 제 _____ 희망이 웹툰 작가잖아요. 그림뿐만 아니라 글도 열심히 연습할게요.

① 미래 ② 장차 ③ 장래 ④ 가망 ⑤ 여지

낱말확인하기

오늘 배운 낱말을 넣어 나만의 짧은 문장을 써 보세요.

가능성 :
_____

통합 :
_____

낱말이해하기

36일차 복습 [가능성/통합] 낱말을 설명해 보세요.

73 | 타당하다 妥當하다

형용사

어떤 일이 도리에 맞고 옳다.

예 점원의 논리가 타당하여 더 이상 아무 말 하지 않았다.

74 | 투명하다 透明하다

형용사

❶ **물 등이 속까지 또렷하게 보이도록 맑다.**

예 그 호수는 정말 투명했다.

❷ **사람의 말이나 태도, 펼쳐진 상황 등이 분명하고 또렷하다.**

예 대상을 받게 된 과정이 모두 공개되어서 투명했다.

❸ **앞으로의 움직임이나 일이 확실하고 명백하다.**

예 꾸준한 훈련만이 축구 선수로의 투명한 미래를 보장해 준다.

낱말넓히기

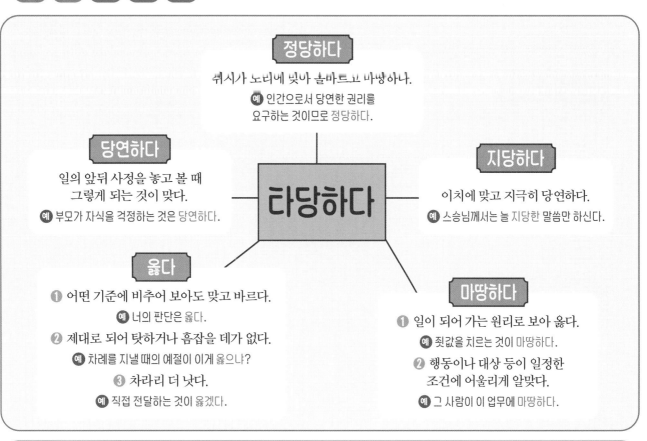

타당하다

정당하다
쉬시가 노리에 빗나 놀마트고 바냥아나.
예 인간으로서 당연한 권리를 요구하는 것이므로 정당하다.

당연하다
일의 앞뒤 사정을 놓고 볼 때 그렇게 되는 것이 맞다.
예 부모가 자식을 걱정하는 것은 당연하다.

지당하다
이치에 맞고 지극히 당연하다.
예 스승님께서는 늘 지당한 말씀만 하신다.

옳다
❶ 어떤 기준에 비추어 보아도 맞고 바르다.
예 너의 판단은 옳다.
❷ 제대로 되어 탓하거나 흠잡을 데가 없다.
예 차례를 지낼 때의 예절이 이게 옳으냐?
❸ 차라리 더 낫다.
예 직접 전달하는 것이 옳겠다.

마땅하다
❶ 일이 되어 가는 원리로 보아 옳다.
예 죗값을 치르는 것이 마땅하다.
❷ 행동이나 대상 등이 일정한 조건에 어울리게 알맞다.
예 그 사람이 이 업무에 마땅하다.

투명하다

뚜렷하다
아주 확실하고 분명하다.
예 좋아하는 아이돌 가수를 실제로 만났을 때 기억은 매우 뚜렷하다.

명료하다
뚜렷하고 분명하다.
예 표현이 명료하여 귀에 쏙쏙 들어온다.

분명하다
❶ 모습이나 소리 등이 선명하고 뚜렷하다.
예 아나운서의 발음이 분명하다.
❷ 태도나 목표 등이 흐릿하지 않고 확실하다.
예 강아지에 대한 딸의 태도는 분명하다.
❸ 어떤 사실이 명백하고 확실하다.
예 방문이 열려 있는 것으로 보아 도둑이 든 것이 분명하다.

맑다
❶ 탁한 것이 섞이지 않아 깨끗하다.
예 물이 맑다.
❷ 구름이나 안개가 끼지 않아서 햇빛이 밝다.
예 하늘이 개어 맑았다.
❸ 소리 등이 가볍고 또랑또랑하여 듣기에 상쾌하다.
예 리코더 소리가 맑다.
❹ 정신이 흐리지 아니하고 또렷하다.
예 아침 일찍 세수를 하고 책상에 앉았더니 정신이 맑았다.

낱말과 교과

※ 글을 읽으면서 모르는 낱말이 나오면 밑줄 긋고, 사전에서 뜻을 찾아 써 보세요.

국어 5학년 2학기

핵심 개념 근거 자료의 타당성

설문 조사 범위가 너무 좁으면 타당한 결과를 얻기가 어렵습니다. 몇몇의 사람들에게만 해당하는 이야기가 될 수 있기 때문입니다. 많은 사람이 참여한 설문일수록 자료의 신뢰를 높일 수 있으며, 조사 출처가 명확한 자료일수록 근거 자료로서의 가치가 높습니다.

내 어휘 더하기		

국어 6학년 1학기

핵심 개념 논설문에 알맞은 표현

논설문을 쓸 때에는 타당한 근거를 들어야 합니다. 또한 알맞은 표현을 사용하여 글을 완성해야 합니다. 이를 위해서는 객관적인 표현을 쓰기 위해 노력하고, 모호한 표현이 있는지 살펴보아야 합니다.

내 어휘 더하기		

사회 4학년 1학기

핵심 개념 주민 참여

일부 지역에서는 주민 참여 예산제를 도입하여 지역의 일에 주민이 참여하도록 합니다. 주민 참여는 주민들 스스로가 지역의 예산을 심의하면서 예산 계획과 사용에 대한 일을 처리하여 예산 사용을 투명하게 알 수 있다는 장점이 있습니다.

내 어휘 더하기		

과학 4학년 2학기

핵심 개념 그림자

색이 없는 플라스틱판이나 필름은 투명한 물체에 해당합니다. 투명한 물체는 그림자가 연하게 생기는데 그 이유는 빛이 물체를 대부분 통과하기 때문입니다. 반대로 빛이 불투명한 물체를 만나게 되면 그것을 제대로 통과하지 못하기 때문에 그림자가 진하게 생깁니다.

내 어휘 더하기		

낱말익히기

1 다음 빈칸에 들어갈 알맞은 낱말을 초성을 이용해 쓰세요.

(1) 국어+사회 융합

학교 폭력 가해자에 대하여 처벌을 강화해야 한다는 의견과 교육의 본질을 살려 화해와 용서를 더 지향해야 한다는 의견이 있습니다. 두 가지 의견 모두 각각의 주장과 근거를 살펴보면 ⎡ ㅌ ㄷ ⎤ 한 내용이 많습니다. 시간이 갈수록 줄어들지 않고 있는 학교 폭력 근절에 대한 근본적인 해결 대책이 무엇인지 고민해 볼 때입니다.

(2) 과학+체육 융합

매우 다양한 디자인의 우산이 판매되고 있습니다. 그런데 비 오는 날 사고율을 줄여 주고 안전한 보행을 도와주는 우산은 바로 ⎡ ㅌ ㅁ ⎤ 한 우산이라고 합니다. 비 오는 날 시야를 확보해 주어 교통사고를 예방할 수 있기 때문입니다.

(1) _____   (2) _____

2 다음 낱말의 알맞은 뜻을 찾아 선으로 이으세요.

(1) 정당하다 ●   ● ㉠ 정신이 흐리지 아니하고 또렷하다.

(2) 옳다 ●   ● ㉡ 취지가 도리에 맞아 올바르고 마땅하다.

(3) 맑다 ●   ● ㉢ 어떤 기준에 비추어 보아도 맞고 바르다.

(4) 뚜렷하다 ●   ● ㉣ 아주 확실하고 분명하다.

3 다음 대화에서 낱말을 <u>잘못</u> 사용한 사람은 누구인지 쓰세요. (   )

보민 직각이 확실한 거야? <u>분명한</u> 거지?
해선 내가 각도기로 재어 봤어. 아주 <u>명료하게</u> 90도! 확실!
보민 각도기까지 이용했다고 하니 너의 말은 <u>옳다</u>! 인정!
윤호 각도기에 삼각자까지 총동원하더라고. 해선이의 말이 <u>맑아</u>!
해선 난 언제나 맞는 말만 해. 오늘도 <u>지당한</u> 말씀만 하신 해선님 되시겠습니다!

낱말확인하기 오늘 배운 낱말을 넣어 나만의 짧은 문장을 써 보세요.

타당하다 :

투명하다 :

낱말이해하기

37일차 복습 [타당하다/투명하다] 낱말을 설명해 보세요.

75 | 한계 限界　명사

사물이나 능력, 책임 등이 실제 다다를 수 있는 범위
사물이나 능력, 책임 등이 실제 작용할 수 있는 범위를 나타내는 선

예 마라톤 대회에 참석하는 것은 매년 나의 한계에 도전하는 일이다.

76 | 함양 涵養　명사

능력이나 품성 등을 기르고 닦음

예 명심보감에는 인격 함양에 좋은 글이 많이 있다.

낱말넓히기

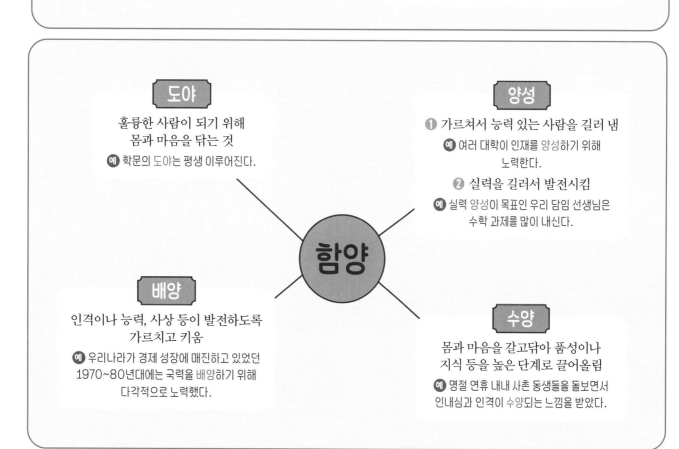

제한
한계를 정하거나 그 한계를 넘지 못하게 막음
예 연령 제한이 있어서 그 영화를 볼 수 없었다.

테두리
일정한 범위나 한계
예 그 남자의 행동은 이미 내 상식 테두리를 벗어나 있었다.

경계
어떠한 기준에 의하여 사물이 나누어지는 한계
예 이상과 현실의 경계는 냉정했다.

극한
마지막 한계
어떤 일이 도달할 수 있는 최후의 단계나 지점
예 세 번째 연이은 불합격 소식에 슬픔이 극한으로 올라왔다.

한계

범위
❶ 일정하게 정해진 영역
예 마지막 단원 시험 범위는 교과서 20쪽 분량이다.
❷ 어떤 것이 미치는 한계
예 내가 아는 범위 내에서 최선을 다해 설명해 주었다.

도야
훌륭한 사람이 되기 위해 몸과 마음을 닦는 것
예 학문의 도야는 평생 이루어진다.

양성
❶ 가르쳐서 능력 있는 사람을 길러 냄
예 여러 대학이 인재를 양성하기 위해 노력한다.
❷ 실력을 길러서 발전시킴
예 실력 양성이 목표인 우리 담임 선생님은 수학 과제를 많이 내신다.

함양

배양
인격이나 능력, 사상 등이 발전하도록 가르치고 키움
예 우리나라가 경제 성장에 매진하고 있었던 1970~80년대에는 국력을 배양하기 위해 다각적으로 노력했다.

수양
몸과 마음을 갈고닦아 품성이나 지식 등을 높은 단계로 끌어올림
예 명절 연휴 내내 사촌 동생들을 돌보면서 인내심과 인격이 수양되는 느낌을 받았다.

낱말과교과

※ 글을 읽으면서 모르는 낱말이 나오면 밑줄 긋고, 사전에서 뜻을 찾아 써 보세요.

사회 6학년 1학기   핵심 개념 조선의 신분 제도

양반은 유학을 공부하고 실질적으로 관리가 될 수 있었습니다. 중인은 관청에서 일을 하거나 사람들의 병을 치료하는 직업을 가질 수 있었으며 통역을 하는 직업에도 종사할 수 있었습니다. 상민은 대부분 농사를 지었고, 물건을 만들어 팔았습니다. 천민은 나라 또는 특정 주인에게 속한 노비였습니다. 양반은 조선의 문화를 이끌어 가는 역할을 하였지만 이러한 신분 제도로 인해 조선이 오랜 세월 동안 경직되어 있었다는 한계도 있습니다.

내 어휘 더하기		

사회 5학년 2학기   핵심 개념 경제 성장의 한계

경제 성장을 이루어 낸 우리나라였지만 그 과정에서 발생하게 된 빈부 격차와 지역 격차 문제를 해결하지 못했다는 한계를 가지고 있습니다. 사람들 간에 소득 차이가 벌어졌고, 도시와 촌락 등 각 지역이 균형적으로 발전하지 못했기 때문입니다.

내 어휘 더하기		

국어 5학년 2학기   핵심 개념 우리말 훼손

인터넷 등 디지털 세상에서 무분별하게 신조어가 생겨나고 있습니다. 표현의 경제성을 이유로 줄임말도 매우 널리 통용되고 있습니다. 우리말이 훼손되고 있는 시대 상황을 파악하여 한글 사랑의 마음을 함양시키는 다양한 프로그램을 개발하면 좋겠습니다.

내 어휘 더하기		

도덕 6학년 2학기   핵심 개념 성찰 일기

성찰 일기 쓰기는 도덕성을 함양하는 좋은 방법입니다. 하루를 돌아보고 자신의 감정과 생각을 정리하면 노력해야 할 점과 반성할 점을 알 수 있게 됩니다. 성찰 일기 쓰기를 실천하여 더 나은 삶을 살아가기 위해 노력합시다.

내 어휘 더하기		

낱말익히기

1 다음 빈칸에 들어갈 알맞은 낱말을 초성을 이용해 쓰세요.

(1) 사회

양성평등 교육과 문화의 확산으로 인해 고정적인 성 역할이 점차 사라지고 있습니다. 하지만 여전히 육아와 가사에 대한 부담은 남자보다 여자들이 더 많이 느끼고 있는 것이 사실입니다. 남녀 역할의 ㅎ ㄱ 를 실질적으로 극복할 수 있도록 국가 차원에서 현실적인 정책들이 더 많이 지원되어야 합니다.

(2) 사회+도덕 융합

좌우명이란 늘 옆에 갖추어 두고 가르침으로 삼는 말이나 문구를 뜻합니다. 좌우명을 만들어 마음속에 새기면 스스로가 중요하게 생각하는 가치에 대해 명확하게 하여 도덕성을 ㅎ ㅇ 할 수 있습니다. 인생이라는 긴 여정에 바른 이정표가 되어 주기도 합니다.

(1) _____   (2) _____

2 다음 빈칸에 들어갈 알맞은 낱말을 <보기>에서 찾아 쓰세요(한 번씩만 쓸 수 있습니다).

<보기>   제한   범위   경계   도야   양성

(1) 저학년을 대상으로 한 실내 놀이터는 연령에 따른 (   )이 있다.
(2) 아쉽게도 내 시험 점수가 (   )를 넘지 못해 상위반으로 올라가지 못했다.
(3) 매일 아침 가족 명상 덕분에 인격의 (   )가 이루어졌다.
(4) 인력이 많이 필요하여 일할 사람들을 빠르게 (   )해 낼 필요가 있었다.

3 다음 대화의 빈칸에 들어갈 낱말을 순서대로 바르게 짝지은 것은 무엇인가요?

정원 다음에는 줄넘기 2단 뛰기 20회 도전이야!
의용 너의 _____에 도전하고 성취하는 것이 즐거워졌구나? 나는 마음 _____이 필요해.
네가 한 단계 한 단계 오를 때마다 축하를 해 주지만 실제로는 질투심이 자꾸 생겨.

① 경계 – 함양   ② 한계 – 수양   ③ 극한 – 한계   ④ 경계 – 여유   ⑤ 제한 – 도야

낱말확인하기 오늘 배운 낱말을 넣어 나만의 짧은 문장을 써 보세요.

한계 :

함양 :

낱 말 이 해 하 기

38일차 복습 [한계/함양] 낱말을 설명해 보세요.

77 | 합리적 合理的

명사

이론이나 이치에 꼭 맞는 것

예 가장 먼저 시작한 사람이 누군지를 밝혀내기 위해 합리적으로 조사했다.

78 | 향유하다 享有하다

동사

마음껏 즐기고 가지다.

예 노년층이 문화예술을 향유할 수 있도록 지원해야 한다.

낱말넓히기

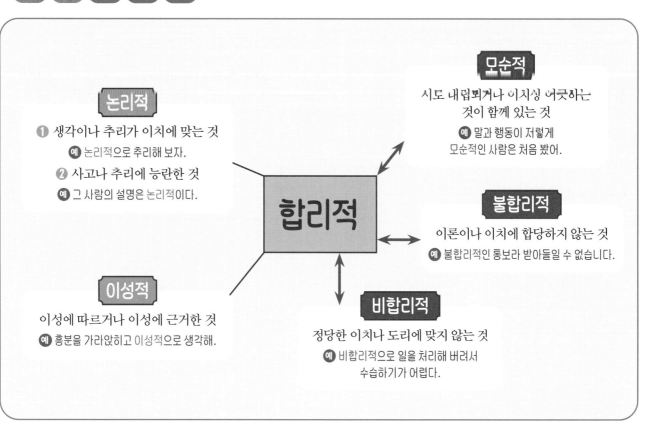

논리적
❶ 생각이나 추리가 이치에 맞는 것
　예 논리적으로 추리해 보자.
❷ 사고나 추리에 능란한 것
　예 그 사람의 설명은 논리적이다.

모순적
시도 내립되거나 이치성 어긋하는
것이 함께 있는 것
　예 말과 행동이 저렇게
　모순적인 사람은 처음 봤어.

불합리적
이론이나 이치에 합당하지 않는 것
　예 불합리적인 통보라 받아들일 수 없습니다.

합리적

이성적
이성에 따르거나 이성에 근거한 것
　예 흥분을 가라앉히고 이성적으로 생각해.

비합리적
정당한 이치나 도리에 맞지 않는 것
　예 비합리적으로 일을 처리해 버려서
　수습하기가 어렵다.

누리다
생활 속에서 마음껏
즐기거나 맛보다.
　예 지금까지 고생하셨으니
이제 행복을 누리시길 바랍니다.

만끽하다
❶ 마음껏 먹고 마시다.
　예 여행을 가서 그 지역 음식을
　만끽하고 왔어요.
❷ 만족할 만큼 즐기다.
　예 중요한 시험이 끝났으니 이제 자유를
　만끽할 예정이다.

향유하다

즐기다
❶ 즐겁게 누리거나 맛보다.
　예 아름다운 청춘을 마음껏 즐기렴.
❷ 좋아해서 자주하다.
　예 아빠는 여전히 낚시를 즐기신다.

영위하다
일을 실제로 해 나가다.
　예 취업을 하고 내가 하고 싶은 문화생활을
영위하니 세상을 다 가진 것 같은 기분이다.

낱말과교과

※ 글을 읽으면서 모르는 낱말이 나오면 밑줄 긋고, 사전에서 뜻을 찾아 써 보세요.

실과 5학년 2학기
핵심 개념 용돈 관리

용돈을 합리적으로 소비하려면 용돈 관리가 필요합니다. 관리가 되지 않으면 불필요한 소비를 하게 되고 꼭 필요한 상황이 생겼을 때 대비하기가 어렵습니다. 용돈 관리를 위해서 용돈 기입장을 작성하면 좋습니다.

내 어휘 더하기		

사회 6학년 1학기
핵심 개념 기업의 합리적 선택

기업도 합리적 선택을 지향합니다. 기업의 입장에서 합리적 선택이란, 생산 활동과 생산 과정에서 적은 비용으로 많은 수입을 얻을 수 있는 방향을 선택하는 것을 뜻합니다. 기업은 이윤을 얻는 것을 목적으로 하므로 다양한 정보를 수집하고 분석하여 어떤 물건을 어떤 방법으로 생산할지 결정합니다.

내 어휘 더하기		

음악 4학년 2학기
핵심 개념 지역 축제

특별하게 축하하거나 기념할 일이 있을 때 의식을 거행하는 것을 '축제'라고 부릅니다. 요즘은 축하 또는 기념의 목적 외에도 생활에서 만들어 낸 성과물을 공유하거나 쉼을 위한 시간을 마련하는 목적으로 축제가 열리기도 합니다. 우리나라에는 지역에서 전해 내려오는 음악과 관련된 축제도 많이 있습니다. 지역 음악을 보존하고 여러 세대에 걸쳐 음악을 함께 향유하며 계승해 나가고 있습니다.

내 어휘 더하기		

사회 5학년 2학기
핵심 개념 조선 후기 서민 문화

조선 후기 농업과 상공업의 발달로 인해 경제적인 여유가 생긴 사람들이 늘어났습니다. 삶에 여유가 생긴 사람들은 문화와 예술에 관심을 가지기 시작하였고 한글 소설이나 풍속화 등 서민 문화를 향유하게 되었습니다.

내 어휘 더하기		

낱말익히기

1 다음 빈칸에 들어갈 알맞은 낱말을 초성을 이용해 쓰세요.

(1) 사회

어떤 선택으로 인해 포기하게 된 기회가 있을 때, 그중 가장 큰 기회의 가치를 '기회비용'이라고 합니다. 우리는 선택의 기로에 놓였을 때 기회비용을 고려하여 ㅎ ㄹ ㅈ 선택을 하기 위해 노력합니다.

(2) 음악

강강술래 놀이를 통해 노래와 놀이를 함께 ㅎ ㅇ 하던 우리 조상들의 모습을 엿볼 수 있습니다. 강강술래는 원으로 대형을 이루어 손을 잡고 몸을 비스듬하게 향하며 노래에 맞추어 함께 걷거나 뛰는 놀이입니다.

(1) _____   (2) _____

2 다음 문장을 읽고, 괄호 안에서 알맞은 낱말을 골라 ○표 하세요.

(1) 코딩은 문제 해결 과정이 매우 (논리적 / 모순적)으로 이루어져 있다.

(2) 해결책을 고민한 후 감정에 치우치지 않고 (이성적 / 모순적)으로 판단하자.

(3) 정의로운 시민으로서 (논리적 / 불합리적)인 상황에 대해서는 참지 못하겠다.

(4) 임기응변으로 대처하면 (비합리적 / 이성적)으로 해결될 확률이 있다.

(5) 시험이 끝나면 수험생들은 여유를 (영위하며 / 만끽하며) 휴식기를 보낸다.

3 다음 글에서 문맥상 빈칸에 들어갈 수 <u>없는</u> 낱말은 무엇인가요?

우리는 인권을 존중받으며 일상에서 인간다운 삶을 _____하기를 원합니다. 경제적 측면과 사회·문화적 측면을 모두 포함하여 삶의 만족도를 확인해 보면, 해당 국가의 행복지수를 파악할 수 있습니다.

① 만끽   ② 영위   ③ 지향   ④ 지양   ⑤ 지속

낱말확인하기

오늘 배운 낱말을 넣어 나만의 짧은 문장을 써 보세요.

합리적 :

향유하다 :

낱말이해하기

39일차 복습 [합리적/향유하다] 낱말을 설명해 보세요.

79 | 활용 活用 　명사

충분히 잘 이용함

예 장마철에 제습기 활용은 적절하다.

80 | 효과 效果 　명사

① 어떤 목적이 있는 행위로 인해 나타나는 보람이나 좋은 결과

예 이 약을 먹으면 치료 효과가 바로 나타날 것입니다.

② 소리나 영상 등으로 그 장면에 어울리는 분위기를 인위적으로 만들어 실감을 자아냄

예 그림자 효과를 이용한 마술이었다.

낱말넓히기

활용

사용
일정한 목적이나 기능에 맞게 씀
예 스스로 정한 스마트폰 사용 중지 기간이야.

실용
실제로 쓰는 것. 또는 실질적인 쓸모
예 예쁘기는 한데 실용 가치가 있는 물건인지 의심이 된다.

이용
① 어떤 것을 필요에 따라 이롭게 씀
예 재활용품을 이용한 만들기 작품이다.
② 다른 사람이나 대상을 자신의 이익을 위해 사용함
예 저 사람을 이용하면 여기를 빠져나갈 수 있을 것이다.

동원
어떤 목적을 이루기 위해 사람이나 물건, 수단, 방법 등을 집중함
예 성을 짓는 데 천오백 명이 동원되었다.

개똥도 약에 쓰려면 없다
평소에 흔하던 것도 막상 꼭 필요해서 쓰려고 구하면 없다는 말
예 개똥도 약에 쓰려면 없다더니 책상 위에 늘 놓여 있던 가위가 보이지 않는다.

효과

효용
보람 있게 쓰거나 쓰임. 또는 그런 보람이나 쓸모
예 효용 가치가 있는 물건은 지속적으로 팔린다.

효험
일의 좋은 보람이나 어떤 작용의 결과
예 한약을 먹었더니 효험이 있었다.

효력
약 등을 사용한 후에 나타나는 좋은 결과
예 진통제의 효력이 떨어졌다.

영향
어떤 사물의 효과나 작용이 다른 것에 미치는 일
예 설리번 선생님은 헬렌 켈러에게 큰 영향을 끼쳤다.

실감
실제로 몸소 겪는 느낌
예 비행기가 이륙하자 여행을 떠난다는 것이 실감 났다.

보람
어떤 일을 한 뒤에 얻어지는 좋은 결과나 만족감. 또는 자랑스러움이나 자부심을 갖게 해 주는 일의 가치
예 아이들을 가르치는 일에 큰 보람을 느낀다.

낱말과 교과

※ 글을 읽으면서 모르는 낱말이 나오면 밑줄 긋고, 사전에서 뜻을 찾아 써 보세요.

수학 4학년 2학기
핵심 개념 꺾은선 그래프

꺾은선 그래프를 활용하면 자료의 변화 정도를 파악하기 편리합니다. 일주일 동안의 기온 변화를 꺾은선 그래프로 나타내고 꺾은선의 변화가 어떤 양상을 보이고 있는지 분석해 보면 앞으로의 변화를 예측할 수 있습니다.

내 어휘 더하기		

수학 6학년 2학기
핵심 개념 비례배분

비의 성질과 비례식을 이해하고 있다면, 비례배분을 활용하여 다양한 문제를 해결할 수 있습니다. 예) 귤 10개를 상철이와 수희가 2:3의 비로 나누어 가질 때 이렇게 계산할 수 있습니다.

$$\langle 상철 \rangle \ 10 \times \frac{2}{2+3} = 4개 \quad \langle 수희 \rangle \ 10 \times \frac{3}{2+3} = 6개$$

내 어휘 더하기		

국어 5학년 1학기
핵심 개념 기행문

기행문을 쓰면 여행하면서 보고 들었던 것들을 시간이 지난 후에도 다시 느낄 수 있다는 장점이 있습니다. 또 여행을 다녀와서 기행문을 써 두면 여행의 경험과 기분을 오래 기억할 수 있게 해 주는 효과도 있습니다.

내 어휘 더하기		

과학 6학년 1학기
핵심 개념 식물의 씨앗

씨가 퍼지는 방법은 매우 다양합니다. 동물의 몸에 붙어 퍼지기도 하고, 물에 떠서 이동해 퍼지기도 합니다. 봉숭아처럼 꼬투리가 터지면서 씨가 튀어 나가 퍼지기도 하며 동물의 먹이로 먹혀 동물의 배설물에 의해 땅에 다시 퍼지기도 합니다. 민들레 씨의 솜털 부분은 씨가 바람에 날려 멀리까지 퍼지도록 하는 효과를 낼 수 있게 합니다.

내 어휘 더하기		

낱말익히기

1 다음 빈칸에 들어갈 알맞은 낱말을 초성을 이용해 쓰세요.

(1) 사회+과학 융합

정보 통신 기술을 ⬜ ㅎ ㅇ ⬜ 함에 따라 우리 일상생활은 매우 편리해졌습니다. 아침에 일어나자마자 스마트폰으로 오늘 날씨를 확인할 수 있고, 애플리케이션으로 먹고 싶은 음식을 바로 주문하고 즉시 결제할 수 있습니다. 궁금한 것이 생겼을 때는 검색을 통해 새로운 지식을 쉽고 빠르게 얻을 수도 있습니다.

(2) 체육

달리기, 수영, 자전거 타기 등을 '유산소 운동'이라고 합니다. 유산소 운동을 꾸준히 하면 스트레스가 감소되는 ⬜ ㅎ ㄱ ⬜ 가 있습니다. 유산소 운동은 체지방률을 낮추는 데에도 영향을 주며 혈액 순환을 원활하게 하여 건강을 유지하는 데에 도움이 됩니다.

(1) _____   (2) _____

2 다음 문장의 빈칸에 들어갈 알맞은 낱말을 찾아 선으로 이으세요.

(1) 모양이 예뻐서 산 지우개는 글씨가 잘 지워지지 않아 ____적이지 않다.   •   • ㉠ 실용

(2) 할머니네 집 김장하는 날에 3학년 사촌 동생까지 온 친척이 총 ____되었다.   •   • ㉡ 효용

(3) 유명 한의원에 가서 지어 온 한약이라 ____이 있을 것으로 기대하고 있다.   •   • ㉢ 동원

(4) 이 스티커가 모든 관문에서 ____ 가치가 있는지 확인해 봐야겠다.   •   • ㉣ 효력

3 다음 대화의 빈칸에 공통으로 들어갈 낱말은 무엇인가요?

딸 아빠! 나무에 연이 걸렸어요.
아빠 나무가 제법 높아서 사다리를 _____해야 할 것 같은데.
딸 경비 아저씨께 도움을 요청해야겠죠? 이준아! 경비실에 뛰어갔다 와!
아빠 번번이 누나에게 _____당하는 동생이 안쓰럽다.

① 활용   ② 이용   ③ 사용   ④ 실용   ⑤ 통용

낱말확인하기 오늘 배운 낱말을 넣어 나만의 짧은 문장을 써 보세요.

활용 : _____

효과 : _____

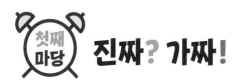

진짜? 가짜!

※ 낱말에 대한 설명이 알맞으면 ○표, 알맞지 않으면 ×표 하세요. (가짜 2개)

71 | 가능성

앞으로 실현될 수 있는 성질이나 정도
앞으로 성장·발전할 수 있는 성질이나 정도

72 | 통합

둘 이상의 조직을 하나로 합침

73 | 타당하다

어떤 일이 도리에 맞고 옳다.

74 | 투명하다

물 등이 속까지 또렷하게 보이도록 맑다.
사람의 말이나 태도, 펼쳐진 상황 등이
분명하고 또렷하다.

75 | 한계

사물이나 능력, 책임 등이 실제 다다를 수
있는 범위

76 | 함양

능력이나 품성 등을 기르고 닦음

77 | 합리적

이론이나 이치에 꼭 맞는 것

78 | 향유하다

충분히 잘 이용하다.

79 | 활용

마음껏 즐기고 가짐

80 | 효과

어떤 목적이 있는 행위로 인해 나타나는
보람이나 좋은 결과

둘째 마당 암호를 해독하라!

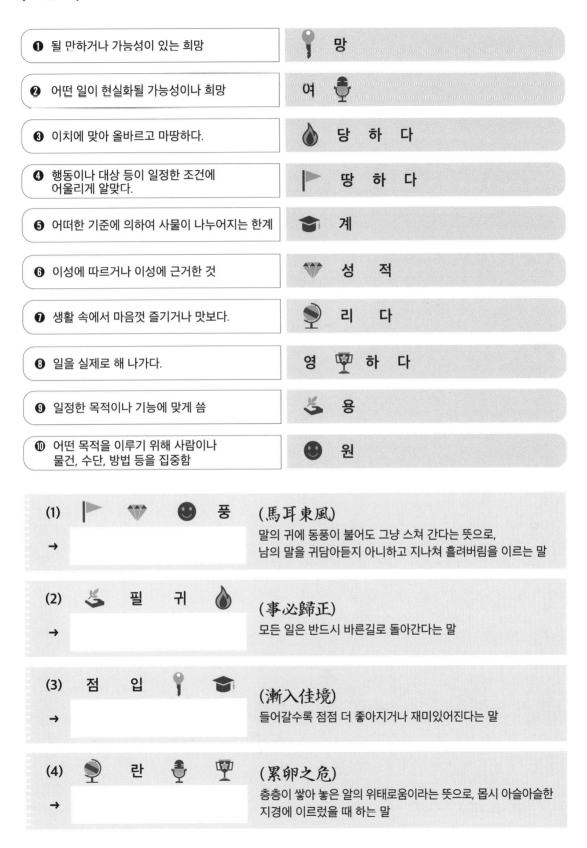

❶ 될 만하거나 가능성이 있는 희망
🔑 망

❷ 어떤 일이 현실화될 가능성이나 희망
여 🎤

❸ 이치에 맞아 올바르고 마땅하다.
🔥 당 하 다

❹ 행동이나 대상 등이 일정한 조건에 어울리게 알맞다.
🚩 땅 하 다

❺ 어떠한 기준에 의하여 사물이 나누어지는 한계
🎓 계

❻ 이성에 따르거나 이성에 근거한 것
💎 성 적

❼ 생활 속에서 마음껏 즐기거나 맛보다.
🌐 리 다

❽ 일을 실제로 해 나가다.
영 🏆 하 다

❾ 일정한 목적이나 기능에 맞게 씀
🌱 용

❿ 어떤 목적을 이루기 위해 사람이나 물건, 수단, 방법 등을 집중함
🙂 원

(1) 🚩 💎 🙂 풍 (馬耳東風)
→
말의 귀에 동풍이 불어도 그냥 스쳐 간다는 뜻으로, 남의 말을 귀담아듣지 아니하고 지나쳐 흘려버림을 이르는 말

(2) 🌱 필 귀 🔥 (事必歸正)
→
모든 일은 반드시 바른길로 돌아간다는 말

(3) 점 입 🔑 🎓 (漸入佳境)
→
들어갈수록 점점 더 좋아지거나 재미있어진다는 말

(4) 🌐 란 🎤 🏆 (累卵之危)
→
층층이 쌓아 놓은 알의 위태로움이라는 뜻으로, 몹시 아슬아슬한 지경에 이르렀을 때 하는 말

정답

🌱 1주차

1일 개발 / 계발 17p

1 (1) 개발 (2) 계발
2 (1) ⓒ (2) ㉠ (3) ⓛ (4) ㉣
3 준희(개척 ⋯ 발굴)

2일 경향 / 계승 21p

1 (1) 경향 (2) 계승
2 (1) 동향 (2) 바람 (3) 전승 (4) 분위기
3 ④

3일 공정 / 공평 25p

1 (1) 공정 (2) 공평
2 (1) 공정한 (2) 평등하게 (3) 균등하게 (4) 공평
3 ⑤

4일 고려 / 공헌 29p

1 (1) 고려 (2) 공헌
2 (1) ⓛ (2) ㉣ (3) ㉠ (4) ⓒ
3 ③

5일 관련 / 관점 33p

1 (1) 관련 (2) 관점
2 (1) ㉣ (2) ㉠ (3) ⓒ (4) ⓛ
3 윤재(태도 ⋯ 입장)

1주차 복습 34p

첫째 **마당** ×표 → 02 **계발**
둘째 **마당**

발	명		제	조		이	바	지
굴			작				람	
	불			봉				
	공	평	무	사			시	점
	정	의				생	각	
	분	위	기		연	결		
			여		상	관		
	종			속			후	
심	사	숙	고				계	몽

🌱 2주차

6일 구분 / 구별 41p

1 (1) 구분 (2) 구별
2 (1) 식별 (2) 선별 (3) 분간 (4) 가름
3 ②

7일 구상 / 구성 45p

1 (1) 구상 (2) 구성
2 (1) 계획 (2) 생각 (3) 조직 (4) 구조
3 ②

8일 교류 / 구현 49p

1 (1) 교류 (2) 구현
2 (1) ㉣ (2) ⓛ (3) ㉠ (4) ⓒ
3 ①

9일 내면화 / 대안 53p

1 (1) 내면화 (2) 대안
2 (1) ⓛ (2) ㉣ (3) ㉠ (4) ⓒ
3 재희(가슴에 새겨 보자. ⋯ 생각해 보자.)

10일 대립 / 대치 57p

1 (1) 대립 (2) 대치
2 (1) 갈등 (2) 충돌 (3) 상반 (4) 교체
3 ②

2주차 복습 58p

첫째 **마당** ×표 → 14 **구성**, 16 **구현**
둘째 **마당**

❶ 구조
❷ 가슴에 묻다
❸ 가슴에 새기다
❹ 대책
❺ 대립각을 세우다
❻ 설계
❼ 조성
❽ 큰일을 치다
❾ 표면화
❿ 형성

(1) 구우일모
(2) 형설지공
(3) 사면초가
(4) 대기만성

3주차 복습 82p

첫째 마당 ×표 → 27 분류, 28 분석, 30 검토
둘째 마당

				참	조		점	검
	반				사			사
임	기	응	변					
	술				대	비	갈	음
					신			래
이	해							
	석		비					
			난	형	난	제		
대	거	리		용			논	평
처								가

4주차 복습 106p

첫째 마당 ×표 → 35 상용, 38 수용
둘째 마당

❶ 인접   ❷ 순망치한
❸ 보호   ❹ 사용
❺ 상용화   ❻ 용납
❼ 신조   ❽ 철학
❾ 의지

(1) 간담상조   (2) 촌철살인
(3) 한단지보   (4) 용두사미

🌱 5주차

21일 요인 / 근거 113p

1 (1) 요인 (2) 근거
2 (1) ㉡ (2) ㉠ (3) ㉢ (4) ㉣
3 시히(자입자득 X)

22일 유기적 / 유대감 117p

1 (1) 유기적 (2) 유대감
2 (1) ㉢ (2) ㉡ (3) ㉣ (4) ㉠
3 ①

23일 유래 / 유사하다 121p

1 (1) 유래 (2) 유사
2 (1) 근원 (2) 유서 (3) 흡사하다 (4) 비등하다
3 ⑤

24일 유용성 / 유의 125p

1 (1) 유용성 (2) 유의
2 (1) ㉡ (2) ㉣ (3) ㉠ (4) ㉢
3 ③

25일 유출 / 의아 129p

1 (1) 유출 (2) 의아
2 (1) ㉢ (2) ㉠ (3) ㉣ (4) ㉡
3 승우

5주차 복습 130p

첫째 **마당** ×표 → 46 유사하다
둘째 **마당**

동	기		계				소	용
	반		기	초			속	
		유			비		감	
		유			숫			
		상		근	사	하	다	
		종			다			
흡							의	문
사	이	비					혹	
하					유	입		
다					념			

🌱 6주차

26일 불가피하다 / 인상적 137p

1 (1) 불가피 (2) 인상적
2 (1) 마지못해 (2) 부득이하게 (3) 필요하니 (4) 어지없이
3 ③

27일 인위적 / 일률적 141p

1 (1) 인위적 (2) 일률적
2 (1) 인공적 (2) 작위적 (3) 획일적 (4) 기계적
3 ②

28일 자주 / 작용 145p

1 (1) 자주 (2) 작용
2 (1) ㉡ (2) ㉠ (3) ㉢ (4) ㉣
3 ①

29일 적법 / 제시 149p

1 (1) 적법 (2) 제시
2 (1) ㉣ (2) ㉠ (3) ㉡ (4) ㉢
3 지원(명시 ⋯ 제시)

30일 조절 / 종속 153p

1 (1) 조절 (2) 종속
2 (1) 절제 (2) 조율 (3) 가감 (4) 자립
3 ⑤

6주차 복습 154p

첫째 **마당** ×표 → 54 일률적, 57 적법, 59 조절
둘째 **마당**
❶ 마지못하다 ❷ 각인
❸ 획일적 ❹ 무차별적
❺ 기계적 ❻ 불법
❼ 명시 ❽ 일목요연하다
❾ 가감
(1) 군계일학 (2) 절차탁마
(3) 가인박명 (4) 목불인견

협	의			거			
	논	의		갑	론	을	박
		향					갈
						추	구
		추				정	
머	리	를		맞	대	다	
					중		금
						유	지
	탐	사					
	구						